AF542205

N° 52 Catalogue Mensuel Novembre 1899

OUVRAGES RÉCEMMENT PARUS

LIVRES EN SOLDE

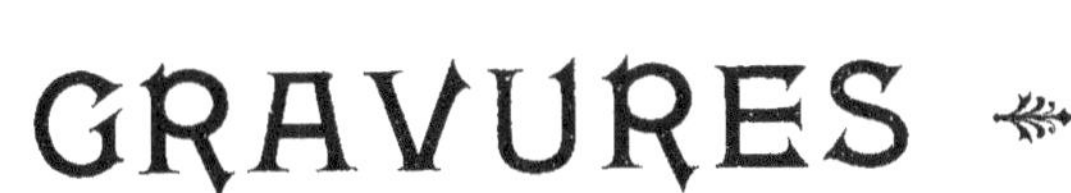

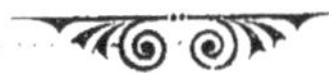

Ernest FLAMMARION et A. VAILLANT

Galeries de l'Odéon, 1 à 9, et 4, rue Rotrou.

A partir de 25 fr., tous les envois sont adressés FRANCO dans toute la France.

Nous avons à la disposition de notre Clientèle un grand assortiment de Livres français et étrangers, Musique, Papeterie, Maroquinerie, Articles de dessin et de bureau, et nous nous chargeons de procurer tous les ouvrages des éditeurs parisiens **avec des remises importantes.**

ACHAT DE BIBLIOTHÈQUES

Envoi FRANCO des Catalogues de MUSIQUE, PAPETERIE, GRAVURES

OUVRAGES RÉCEMMENT PARUS

ACKER (Paul). Humour et humoristes. 1 vol. in-18. 3 fr. 50, net 3 fr.

ALLAIS (Alphonse). L'Affaire Blaireau, roman. 1 vol. in-18. 3 fr. 50. net 3 fr.

ANDRÉ (Emile). L'art de se défendre dans la rue, orné de 66 illustrations. 1 vol in-18. 2 fr. net 1 fr. 75

ANNUAIRE DE LA JEUNESSE. Dixième année. 1899. 1 vol. in-18 de 1160 pp. Broché. 3 fr., net 2 fr. 75
— Cartonné toile rouge. 4 fr. net 3 fr. 50

ANNUAIRE général et international de la photographie. 8e année. 1899. 1 vol. in-8. 4 francs, net 3 fr. 50

ANNUAIRE de la Presse Française et du monde politique, publ. sous la direction de H. Avenel. 1 vol. in-8, de 1600 pp. relié toile. 15 fr., net 13 fr. 50

ARDOUIN-DUMAZET. Voyage en France. 20e vol Haute-Picardie, Champagne Rémoise et Ardennes. 1 vol. in-12. 3 fr. 50. net 3 fr.

ARUSS (Arsène). La Graphologie simplifiée. 1 vol. in-18. 3 fr. 50, net 3 fr.

BEAUBOURG (Maurice). Les joueurs de boules de Saint-Mandé. 1 vol. in-18. 3 fr. 50. net 3 fr.

BÉRENGER-FÉRAUD. Le baron Hippolyte Larrey. 1 vol. in-8, illustré. 7 fr. 50. net. 6 fr. 50

BERTHEROY (Jean). Le journal de Marguerite Plantin. roman pour les jeunes filles. 1 vol. in-18. 3 fr. 50. net 3 fr.
— Relié toile 4 fr. 50, net 4 fr.

BONVALOT (Gabriel). Sommes-nous en décadence ? 1 vol in-18. 3 fr. 50. net. 3 fr.

L'auteur a longuement séjourné dans les pays étrangers. Depuis plusieurs années, il prêche à travers toute la France une ardente croisade en faveur du réveil de nos énergies nationales. Il était le Français le mieux préparé pour écrire ce livre, qui constitue un des documents les plus précieux de notre époque.

BOURGET (Paul). Œuvres complètes Tome I. Essais de psychologie contemporaine (Baudelaire, Renan, Flaubert, Taine, Stendhal, Dumas fils, Leconte de Lisle, Les Goncourt, Tourgueneff, Amiel). Appendices. 1 vol. in-8. 8 fr., net 7 fr.

L'ouvrage complet formera 12 vol.

BOUTROUX (Emile). Morale sociale. Conférences du collège libre des sciences sociales. 1 vol. in-8, cartonné. 6 fr., net 5 fr. 25

BRADA. Une impasse. 1 vol. gr. in-18. 3 fr. 50 net 3 fr.

BRISSON (Adolphe). Paris intime. 150 illustrations. 1 vol. in-12. 3 fr. 50. net 3 fr.

Il est des livres privilégiés dont le seul aspect promet une véritable fête au lecteur, où l'on est sûr de trouver le passage à noter, la scène à savourer. C'est assurément le cas de ce ravissant vol. où ces grands, ces éternels sujets de causeries qui s'appellent *les aspects de Paris, les gloires de Paris, les modes, les plaisirs, les ennuis, les habitudes, les tics, les étrangetés de Paris*, sont traités avec autant de compétence que d'humour et de bonne grâce.

On y trouve la « tranche de vie » toute palpitante ; les instantanés proprement dits y foisonnent. Rien n'est plus piquant, intéressant et bon enfant que « *Chez nos invalides*, » « *Sur les toits de Notre-Dame*, » « *Les poissons d'Avril*, » « *Une Journée aux Courses*, » « *Les habits verts*, » « *Une Nuit à l'Opéra*. »

CHAMBERLAIN. Richard Wagner, sa vie et ses œuvres. 1 vol. in-16. 3 fr. 50. net 3 fr.

CHAMPSAUR (Félicien). La faute des roses. 1 vol in-12. 3 fr. 50. net 3 fr.

COPPÉE (François). A voix haute, discours et allocutions. 1 vol. in-18. 3 fr. 50, net 3 fr.

CORNÉLY (J.). Notes sur l'affaire Dreyfus. 1 vol. in-18. 3 fr. 50. net 3 fr.

COUPERUS (Louis). Paix universelle. roman, traduit du Hollandais 1 vol. in-18. 3 fr. 50, net 3 fr.
— Majesté, préface de Spronck. 1 vol in-18 3 fr. 50. net 3 fr.

DANIEL (André) L'année politique 1898. 25e année. 1 vol. in-18. 3 fr. 50, net 3 fr.

DAUZAT. Du rôle des Chambres en matière de traités internationaux. 1 vol. gr. in-8. 5 fr. net 4 fr. 50

DELATTRE (Louis). La loi de Péché, roman. 1 vol. in-18 3 fr. 50, net 3 fr.

DESCHAMPS (Gaston). Le Malaise de la démocratie 1 vol. in-18 3 fr. 50, net 3 fr.

DOCQUOIS (G.). L'Armoire aux Bonshommes. 1 vol. in-12. 3 fr. 50, net 3 fr.

Ouvrez-la bien vite, et vous y trouverez, gentiment empilés, 28 contes d'un ton absolument divertissant. Cette armoire-là meublera gaîment la chambre de votre souvenir ; elle a été peinte et ornée par l'espiègle Lucien Métivet, et l'intérieur en est plein de dessins de Caran d'Ache, Rivière, Steinlen, Willette, Balluriau, Grün, Widhopff, Flusschoen, Loëvy, Emile Bayard et Couturier. Ouvrez-la vite, cette gentille armoire, et c'est sûr que vous ne la fermerez pas avant d'avoir fait minitieusement l'inventaire.

DUBOIS (Félix). Tombouctou la Mystérieuse. Nouvelle édition en 1 vol. in-18. 3 fr. 50, net 3 fr.

DUJARDIN (Edouard). L'Initiation au péché et à l'amour. 1 vol. in-18 3 fr. 50. net 3 fr.

DU MAURIER (G.). Trilby, adaptation de Thérèse Batbedat. 1 vol. in-16 ill. par F. Fau. 3 fr. 50. net 3 fr.

EGIDY (Colonel Moriz Von) et Capitaine Gaston **MOCH**. L'Ere sans violence. Révision du traité de Francfort. 1 volume in-18. 3 fr. 50, net 3 fr.

FERNAND-LAFARGUE. Les ouailles du curé Fargeas. 1 vol. in-12. 3 fr. 50. net 3 fr.

C'est une œuvre maîtresse sur le clergé de France. Dévotes ou mondaines, toutes les amoureuses chastes, retireront de cette lecture d'inexprimables jouissances de sentiments. Ce roman, honnête et puissant, de l'auteur de *Toujours aimé*, sera lu avec une égale surprise par les catholiques et par les libres-penseurs. L'émotion sincère de l'écrivain en fait un des plus beaux livres qui aient été écrits sur la vie du prêtre français.

FIÉRENS-GEVAERT. La Tristesse contemporaine, essai sur les grands courants moraux et intellectuels. 1 vol. in-12. 2 fr. 50, net 2 fr. 25

LIVRES RÉCEMMENT PARUS

FLERS (Robert de). Entre cœur et chair. 1 vol. in-18. 3 fr. 50, net 3 fr.

Parmi les écrivains de la jeune génération, M. Robert de Flers est de ceux qui comptent. Son nouveau volume, atteste chez l'auteur de *Vers l'Orient*, que l'Académie Française couronna, un fin talent d'observation, une note très personnelle de pittoresque sentimental et ces dons naturels de style gracieux et limpide auxquels on reconnaît un véritable écrivain. — Ce sont des récits variés et d'une humanité qui pour être quelquefois vécue n'en est pas moins originale *Noël de Courtisane, Cécile, danseuse du roi, La Guerre, Histoire d'une Carpe*, sont des modèles du genre.

FOA (Edouard). Chasses aux grands fauves, pendant la traversée du continent noir, du Zambèze au Congo français. 1 vol. in-8. Nomb. illustrations. 10 fr. Net 9 fr.

FORMONT (Maxime). Voluptés. Nouvelle édition. 1 vol. in-18. 3 fr. 50, net 3 fr.

FRANCE (Anatole). Pierre Nozière. 1 vol. in-18. 3 fr. 50, net 3 fr.

GÉOGRAPHIE pittoresque et monumentale de la France. Premier fascicule. Paris et le département de la Seine. Gr. in-4. Nomb. illustrations en noir et en couleurs. 4 fr. 50, net 4 fr.

— Deuxième fascicule. Ile-de-France, Seine-et-Oise, Seine-et-Marne, Ain, Aisne. Gr. in-4. Nomb. illustrations en noir et en couleurs. 6 fr. 50, net 5 fr. 75

C'est uniquement à la photographie que la Géographie pittoresque et monumentale de la France demandera ses illustrations. Ce sont d'ailleurs les seuls procédés qui peuvent satisfaire le besoin intense de vérité qui caractérise notre époque. Monuments, ruines, costumes, objets d'art, pièces remarquables de nos musées, sites pittoresques revivent sous les yeux des lecteurs ainsi que les spécimens des industries qui ont porté au loin la renommée de la France.

Quant au texte il comprend pour chaque département une étude générale du sol (orographie et hydrographie), l'histoire abrégée des événements accomplis sur son territoire, un tableau résumé de l'agriculture et de l'industrie, les divisions administratives, la description très complète des villes et bourgs importants, la liste de tous les monuments historiques classés et de toutes les curiosités intéressantes, les particularités des mœurs et des coutumes, le tout accompagné d'une carte dressée spécialement pour cette publication.

GIACOMELLI. Sur la brèche, roman. 1 vol. in-18 3 fr. 50, net 3 fr.

GIDE (André). Le Prométhée mal enchaîné, roman. 1 vol. in-18. 2 fr., net 1 fr. 75

GOHIER (Urbain). Les Prétoriens et la congrégation. 1 vol. in-18. 3 fr. 50, net 3 fr.

GORON. Ancien chef de la sûreté. Nouveaux mémoires.
I. L'amour criminel.
II. Les industries de l'amour.
III. Les parias de l'amour.
Chaque vol. in-18. 3 fr. 50, net 3 fr.

GOYAU (Georges). L'Ecole d'aujourd'hui. 1 vol. in-16. 3 fr. 50. net 3 fr.

GRAND-CARTERET. La femme en culotte. 1 vol. in-12. 3 fr. 50, net 3 fr.

84 croquis de F. Fau et de Gustave Giraune. 219 gravures des plus suggestives, reproduites d'après des originaux dont la recherche a souvent été des plus laborieuses, nous montrent les plus célèbres des amazones et des femmes-soldats, et, avec les traits des héroïnes les plus dignes de respect, des chasseresses les plus prestigieuses, apparaissent dans cette piquante galerie du travestissement les fantaisies les plus gracieuses, les plus gaies et quelquefois les plus satiriques sur la femme-cycliste, sans oublier la femme-étudiant, la femme-avocat, la femme-médecin et la femme-électeur.

GRATRY (le P.) Pages choisies, publ. avec introduction par l'abbé Pichot. 1 vol. in-18. 3 fr. 50, net 3 fr.
Relié toile. 4 fr., net 3 fr. 50

GRÉVILLE (Henri) Petite Princesse, roman. 1 vol. in-18. 3 fr. 50, net 3 fr.

GUÉDON (Pierre et Yves). Manuel pratique du conducteur d'automobiles. 1 vol. in-18. Broché. 5 fr., net 4 fr. 50
Cartonné. 6 fr., net 5 fr. 25

GYP Les femmes du colonel. 1 vol. in-18. 3 fr. 50 Net 3 fr.

C'est dans un décor très parisien, un livre très documenté sur la société actuelle et cette suite de tableaux : Snobisme ; Impair et manque ; La Mère de Madame, etc... évoquant pour nous des peines vécues, ne manquera pas de nombreux admirateurs. Vraiment nouveau par le fond et par la forme, puissant d'ironie, tel apparaîtra, au lecteur, ce volume, où la la verve étincelante et la fine et mordante taillerie se poursuivent de page en page.

— Les Izolâtres. 1 vol. in-18. 3 fr. 50, net 3 fr.

IBSEN. Peer Gynt, drame. 3 fr. 50, net 3 fr.

IMBERT DE St AMAND. L'apogée de Napoléon III. 1860, 1 vol. in-18. 3 fr. 50, net 3 fr.

JAMMES (Francis) Clara d'Ellébeuse ou l'histoire d'une ancienne jeune fille, roman. 1 vol. in-18. 2 fr., net 1 fr. 75

JOLLIVET (Maurice). Les Anglais dans la Méditerranée. 1794-1797. Un royaume Anglo-Corse. 1 vol in-18. 3 fr. 50, net 3 fr.

LACOMBE (B de). Catherine de Médicis, entre Guise et Condé. 1 vol in-8 7 fr. 50, net 6 fr. 50

LAGRANGE (Dr F.). Les mouvements méthodiques et la mécanothérapie. 1 vol. gr. in-8 avec 55 gravures. 10 fr., net 9 fr.

LA VAUDÈRE (Jane de). Les Frôleurs. 1 vol. in-12. 3 fr. 50, net 3 fr.

LEMONNIER (Camille). Une femme. 1 vol. in-12. 3 fr. 50, net 3 fr.

L'auteur du célèbre roman *Un Mâle* n'a rien écrit de plus passionné que cette histoire toute chaude de vie sensuelle qui sera le grand événement littéraire de la saison et dont toutes les femmes se disputeront la lecture.

LICHTENBERGER. Aphorisme et fragments choisis de Nietzsche. 1 vol. in-12. 2 fr. 50. net 2 fr. 25
— La philosophie de Nietzshe. 1 vol. in-12. 2 fr. 50. net 2 fr. 25

LIVRE DES MILLE ET UNE NUITS (Le), traduction littérale et complète par le Dr Mardrus. 1 vol in-8. Tome II. 7 fr., net 6 fr.

LORRAIN (Jean). Heures d'Afrique. 1 vol. in-12. 3 fr. 50, net 3 fr.

LOUYS (Pierre). La femme et le Pantin. 1 vol. Collection Nymphée, illustrations de A. Calbet, J. Dedina. 3 fr. 50. net 3 fr.

LUDANA. Lettres répondues. 1 vol. in-18. 3 fr. 50, net 3 fr.

MAËL (Pierre). Pour l'Amour. 1 vol. in-12. 3 fr. 50. net 3 fr.

Pour l'Amour, par Pierre Maël, est la fin de l'émouvant récit dont *Reine-Marguerite* nous offrait la première partie. Dans cette première partie, les lecteurs avaient pu voir se tendre les fils et s'ourdir la trame du grand et sombre drame Ils savaient comment le docteur Jean Gallois, victime d'une machination infâme, était demeuré vingt ans sous le coup de la condamnation qui l'avait frappé.

Dans ce second récit, la Justice qui marche d'un pied boiteux, est enfin arrivée, et nous voyons quelle terrible et éclatante revanche elle accorde au condamné innocent.

MAHAN. Influence de la puissance maritime dans l'histoire 1660-1783 ; traduit de l'anglais par Boisse. 1 vol. gr. in-8. 10 fr. Net 9 fr.

MAITRES de la photographie. 1 vol. in-4 raisin, orné de soixante gravures obtenues par la photographie, dont 8 hors texte 12 fr. Net 10 fr. 50

MARQUERY. L'Œuvre d'art et l'Evolution. 1 vol. in-12. 2 fr. 50. Net 2 fr. 25

MARYAN. Annunziata. 1 vol. in-18. 3 fr. Net 2 fr. 75

MARYBERT (J. P.). Les paradoxes de mon curé. 1 vol. in-12. 3 fr. 50. Net 3 fr.

Quel étincelant interlocuteur que ce curé, principal personnage du volume. Il y a du Rabelais en lui, mais un Rabelais qui soutiendrait les thèses les plus risquées avec le sérieux et la science d'un théologien consommé, et les thèses les plus orthodoxe avec la verve, la causticité, la bonhomie pince sans-rire de nos plus brillants humoristes.

Il n'y a, pour les citer en passant, qu'à lire : *le cri de la chair, la lettre à M. Charbonnel. les Curés guérisseurs. Soutanes noires et culottes rouges. le Médecin Confesseur et confesseur-médecin, les Vagabonds du clergé*, etc., etc.

Dans un autre ordre d'idées, on ne sait ce que l'on doit admirer dans la virulente ardeur qui éclate dans *le Curé citoyen, le Budget d'un meurt de faim*, ou du pittoresque qui jaillit du *Clergé à bicyclette* et de *Mon curé et sa bonne*.

Ce n'est pas une plume, c'est un burin qu'a employé M. Marybert. Toutes ses silhouettes ont sûrement été prises sur le vif. Elles se meuvent, parlent, agissent, comme sur le vrai théâtre de la vie. Leurs conversations sont teintées de gauloiserie fine et saine quoique mordante ; elles instruisent et incitent à penser et à rire.

MAUPASSANT (Guy de). Le père Milon, contes inédits. 1 vol. in-18. 3 fr. 50. Net 3 fr.

NAUROUZE (Jacques). Séverine (1814-1815). 1 vol. in-18 3 fr. 50. Net 3 fr.

— Cartonné toile. 4 fr. 50. Net 4 fr.

MÉMOIRES militaires du Maréchal Jourdan. Guerre d'Espagne, écrits par lui-même. Publiés par le Vte de Grouchy. 1 vol in-8. 7 fr. 50. Net 6 fr. 50

Les mémoires du maréchal Jourdan sur la guerre d'Espagne commencent en 1808, pour ne finir qu'après la bataille de Vittoria. Le maréchal, on le sait, était, pendant cette douloureuse période de notre histoire, chef d'état-major du roi Joseph, qui l'avait amené avec lui de Naples : aussi, si Jourdan est parfois sevère pour l'Empereur, se montre-t-il plein de mansuétude pour son frère. Sauf cela, l'ouvrage est écrit avec la plus grande impartialité et rempli d'aperçus nouveaux et judicieux sur la fatale issue de nos opérations dans la Péninsule.

MENDÈS (Catulle). Farces. 1 vol. in-18 3 fr. 50 Net 3 fr.

MÉVIL (André). Samory, avec une préface du Gén. de Trentinian. 1 vol. in-18. 3 fr. 50 Net 3 fr.

Dans ce volume M. André Mévil a résumé toutes les opérations militaires que, pendant seize années consécutives, nous avons menées brillamment contre le célèbre chef soudanais. Ces opérations constituent assurément la page la plus dramatique, la plus glorieuse et en même temps la plus pittoresque de notre histoire coloniale. A côté du récit des opérations militaires on trouve dans ce volume des détails fort curieux et fort intéressants sur les Sofas de Samory, leur manière de combattre, ainsi que sur nos tirailleurs Sénégalais et Soudanais. — Ce volume vient à son heure au moment où les questions africaines sont de plus en plus à l'ordre du jour et doivent être vulgarisées.

MICHELET. (J.). Lettres inédites adressées à Mlle Mialaret (Mme Michelet) 1 vol. in-8. 7 fr. 50 Net 6 fr. 50

Ces lettres adressées à Mlle Mialaret qui devait devenir la femme de l'illustre historien, sont un poème d'amour. Michelet y a mis tous ses élans, toute sa flamme. Souvent, aux heures de rude labeur, il les relisait, reprenait foi, énergie vaillante, à se retremper en elles. Il avait voulu les publier de son vivant, mais constamment absorbé par son travail, sollicité par d'autres soins, il y avait renoncé.

Après la mort de Michelet elles furent disputées à sa veuve qui, enfin, les obtint de la justice.

MIGUEL ZAMACOÏS. En Stupid-Car. 1 vol. in-12. 3 fr. 50 Net 3 fr.

Et c'est vraiment un voyage à travers le pays de la fantaisie la plus outrancière que la lecture de ces courtes histoires abracadabrantes où l'auteur avec sa verve habituelle, a semé tant d'amusantes « loufoqueries » de pince-sans-rire. Ajoutons que Lourdey a semé dans le texte une foule de croquis d'une irrésistible drôlerie.

— Adieu amour. 1 vol. in-12. 3 fr. 50. Net 3 fr.

MOCH (Gaston). L'armée d'une démocratie. 1 vol. in-18. 3 fr. 50. Net 3 fr.

MOUTIER. Robert Lindet, député à l'Assemblée législative et à la Convention, ministre des finances. 1 vol. in-8. 10 fr. Net 9 fr.

MONTOYA. La folle chanson. 1 vol. in-18, couverture en couleurs de Léandre. 3 fr. 50 Net 3 fr.

MONTÉGUT. (Maurice). La Grange aux belles. 1 vol. in-18. 3 fr. 50. Net 3 fr.

NOEL. (Edouard). Brumaire. Scènes historiques de l'an VIII, 1799. 1 vol. in-8. 7 fr. 50. Net 6 fr 50

Brumaire, scènes historiques de l'an VIII (1799) de la République française, une et indivisible, sera le livre du jour, celui que tout le monde voudra lire et consulter parce qu'il montrera à tous l'histoire vraie de ces quelques semaines émouvantes qui s'écoulèrent depuis le débarquement du général Bonaparte à Fréjus, le 16 octobre 1799, jusqu'au coup d'Etat des 18 et 19 brumaire, qui, en fixant ses destinées, arracha la France aux mains incapables des partis politiques qui se la disputaient et, suivant le point de vue où l'on se place pour juger ces événements, pour les uns, sauva le pays de l'anarchie révolutionnaire, pour les autres, marqua l'anéantissement de la liberté et l'avènement du despotisme.

Toute cette époque est fidèlement reconstruite, exhumée, ressuscitée par l'auteur. C'est de l'histoire vivante et parlante encadrant un roman d'amour étroitement lié à l'action : roman des plus curieux et des plus émouvants. Et chacune des scènes où se déroulent, se mêlent et s'entrechoquent les événements décisifs de la fin de 1799, saisissent le lecteur d'un intérêt passionné et poignant.

OHNET (Georges). Au fond du gouffre. 1 vol. in-12. 3 fr. 50. Net 3 fr.

PARISETTE. Le protocole Mondain. 1 vol. cartonnage souple, toile anglaise. 3 fr. 50. Net 3 fr.

PERRENS. Les libertins en France au XVIIe siècle. 1 vol. in-18. 3 fr. 50. Net 3 fr.

PERRENS La Littérature Française au XIXe siècle. 1 vol. in-18. 3 fr. 50. Net 3 fr.

PETITCOLIN (André). Impressions d'Iberie. 1 vol. in-18. 3 fr. 50. Net 3 fr.

PORRENTRUY (R. P. de). St Pascal Baylon patron des Œuvres eucharistiques. 1 vol. gr. in-8, avec gravures. 7 fr. Net 6 fr.

PROSBERT. La ville de Pozidon, roman. 1 vol. in-18. 3 fr. 50. Net 3 fr.

C'est une curieuse et très fidèle peinture des mœurs de la vie de province.

Une délicieuse histoire d'amour traverse ce récit des plus passionnants.

LIVRES RÉCEMMENT PARUS

RICHE (Daniel). Féconde. 1 vol. in-12. 3 fr. 50. Net 3 fr.

L'ouvrage est, en quelque sorte, l'antithèse de *Stérile*, le dernier ouvrage du curieux remueur d'idées sociales qu'est Daniel Riche, et nous ne doutons pas que ce volume n'obtienne, comme son devancier, un vif et légitime succès dans le monde qui pense et qui lit.

Une très artistique couverture de Douhin enveloppe ce roman.

RICHEBOURG (Emile). Une Haine de femme. 1 vol. in-18. 3 fr. 50. Net 3 fr.

RIEMANN. Dictionnaire de musique traduit par G. Humbert. 1 vol. in-8, broché de 950 pages. 20 fr. Net 18 fr.

ROCHE (Jules). Finances et politique. 1 vol. in-18. 3 fr. 50. Net 3 fr.

MIRBEAU (Octave). Le jardin des supplices 1 vol. in-12. 3 fr. 50. Net 3 fr.

RODENBACH (G.). L'Elite. 1 vol. in-12. 3 fr. 50. Net 3 fr.

ROLLINAT (Maurice). Paysages et paysans. 1 vol in-12. 3 fr. 50. Net 3 fr.

ROSNY (J. H.). Ames perdues. 1 vol. in-12. 3 fr. 50. Net 3 fr.

ROSNY (J. H.). Le roman d'un cycliste. 1 vol. in-18. 3 fr. 50. Net 3 fr.

ROUSSET (Lieut.-Colonel) Les Maîtres de la guerre : Frédéric II, Napoléon, Moltke. Essai critique d'après les travaux de M. le Gal Bonnal. 1 vol. in-18. 3 fr. 50. Net 3 fr.

Ste BEUVE. Pages choisies. 1 vol. in-18. 3 fr. 50. Net 3 fr.
— Relié toile. 4 fr. Net 3 fr. 50

SERAO (Mathilde). Cœur souffrant. 1 vol. in-12. 3 fr. 50. Net 3 fr.

STRATZ. Unter den Linden (Sous les tilleuls). Scènes Berlinoises trad. de l'allemand par P. de Pardiellan. 1 vol. in-18. 3 fr. 50. Net 3 fr.

Unter den Linden (Sous les Tilleuls) est une étude magistrale de la vie du grand monde à Berlin.

Le succès considérable que cet ouvrage a remporté en Allemagne et la faveur marquée avec laquelle il a été accueilli par les lecteurs du *Temps* lui présagent une heureuse carrière.

SUTTNER (Bnne). Bas les armes. 1 vol. in-12. 3 fr. 50. Net 3 fr.

THEURIET (André). Dans les roses. 1 vol. in-12. 3 fr. 50 Net 3 fr.

TINAN (Jean de) Aimienne ou le détournement de mineure. 1 vol. in-18, portrait de l'auteur d'après H. Bataille. 3 fr. 50. Net 3 fr.

TURQUAN (Joseph). Les favorites de Louis XVIII. 1 vol. in-18. 3 fr. 50. Net 3 fr.

VANDÉREM (Fernand). Le calice, comédie en trois actes. 1 vol. in-18. 3 fr. 50. Net 3 fr.

VIGIER (Cte). Davout, maréchal d'Empire. 1770-1823. Introduction par F. Masson. 2 vol. in-8. 15 fr. Net 13 fr. 50

VILLIERS DU TERRAGE (E. de). Journal et souvenirs sur l'expédition d'Egypte, 1798-1801. 1 vol. pet in-8. 5 fr. Net 4 fr. 50

WELSCHINGER. La mission secrète de Mirabeau à Berlin. 1786-1787. 1 vol. in-8. 8 fr. Net 7 fr.

ZOLA (Emile). Les quatre évangiles. Fécondité. 1 vol. in-18. 3 fr. 50. Net 3 fr.

SOLDES

ALBUM DE 20 CARICATURES par GAVARNI, etc.

1 volume in-4, cartonné. Au lieu de 10 fr., net. . . . 2 fr. 50

Album de 25 Planches de Gustave Doré

1 volume grand in-4, cartonné. Au lieu de 10 fr., net. . . . . . . 2 fr. 50

ALBUM DE 20 BATAILLES

DE LA

RÉVOLUTION ET DE L'EMPIRE

SPLENDIDE ALBUM

Ces planches ont été dessinées et gravées par les meilleurs artistes. Quelques-unes sont coloriées. Elégant cart., titre or, format obl. de 43×30 Au lieu de 15 fr., net . . . . 2 fr. 25

TRÈS BELLES AFFICHES ARTISTIQUES

EN COULEURS

Nous appelons l'attention de notre clientèle sur ces affiches. Aujourd'hui que les collectionneurs sont nombreux, les quelques exemplaires que nous possédons seront rapidement épuisés.

AUZOLLE. **Pneumatique Stella**. 0,80×1.25. Net . . . . 1 fr. 75
CARAN-D'ACHE. **Exposition russe** 0,99×1,40. Net . . . . 1 fr. 75
DURANTON, lithographe. **Chicorée à la boulangère**. 1,00×1,40. Net . . . . 1 fr. 75
GRAY. **Hé! cocher, chez Michaut**. 1.00×1.40. Net . . . . 1 fr. 75
SEMANT (P. de). **La Débâcle**. 2 planches différentes. 1,00×1,40. Chaque planche, net. . 1 fr. 75
TINAYRE (Louis). **La Marchande des quatre saisons**. 0,80×1,20. Net . . . . 1 fr. 75
YRONDY. **Chansons et Monologues d'Aristide Bruant**. 1 planche en 2 feuilles. 1,30×1,00. Net . . . . 3 fr. 50

OCCASIONS

LIBRAIRIE DES BIBLIOPHILES

NOUVELLE BIBLIOTHÈQUE CLASSIQUE

MAGNIFIQUES ÉDITIONS DE BIBLIOPHILES. — TIRAGE EN GRAND PAPIER DE LUXE

Chaque volume format in-8, collection JOUAUST. Au lieu de 30 fr., net **9** fr. **50**

BOILEAU. Œuvres . . . . . Chine. 2 vol.
— — . . . Whatman. 2 —
BOSSUET. Discours sur l'histoire universelle . . Chine. 2 —
— Oraisons funèbres . Chine. 1 —
— — — Whatman. 1 —
CALIDASA Sacountala . . . Chine. 1 —
CHAMFORT. Œuvres choisies Chine. 2 —
— — Whatman. 2 —
CHÉNIER (André). Poésies. . Chine. 1 —
— — Whatman. 1 —
CORNEILLE. Théâtre . . . . Chine. 5 —
COURIER. Œuvres . . . . Chine. 3 —
— — . . Whatman. 3 —
DIDEROT. Œuvres choisies . Chine. 6 —
— — — Whatman. 6 —
LA BRUYÈRE. Les Caractères. Chine. 2 —
LA BRUYÈRE. Les Caractères.
— — Whatman. 2 —
MALHERBE. Poésies . . . . Chine. 1 —
— — . . Whatman. 1 —
MOLIÈRE. Théâtre . . . . . Chine. 8 —
— — . . . Whatman. 8 —
MARIVAUX. Théâtre . . . . Chine. 2 —
— — . . Whatman. 2 —
MONTESQUIEU. Grandeur et décadence des Romains. Chine. 1 —
RABELAIS. Œuvres. . . . . Chine. 4 —
RACINE. Théâtre . . . . . . Chine. 3 —
— — . . . Whatman. 3 —
REGNARD. Théâtre . . . . . Chine. 2 —
REGNIER. Œuvres . . . . Chine. 1 —
RIVAROL. Œuvres choisies . Chine. 2 —
— — Whatman. 2 —

Chaque ouvrage est orné d'un portrait en double état : nous ne possédons qu'un ou deux exemplaires de ces ouvrages qui ont été tirés seulement à 15 exemp. sur chine et 15 sur Whatman.

Mémoires relatifs à l'histoire de France et Classiques Français

Editions imprimées avec le plus grand luxe. — Tirage : 20 exemp. sur Chine et 20 sur Whatman.

Chaque volume, format in-18. Au lieu de 10 fr., net **3** fr.

BOILEAU. Œuvres poétiques . Chine. 2 vol.
— — Whatman. 2 —
BOSSUET. Discours sur l'histoire universelle . . . Chine. 2 —
— — . . Whatman. 2 —
BOUFFLERS. Contes . . . . Chine. 1 —
— — Whatman. 1 —
BRANCAS (Duchesse de). Mémoires.
— — — Chine. 1 —
— — Whatman. 1 —
CALISADA. Sacountala . . . Chine. 1 —
— — Whatman. 1 —
CHAMFORT. Œuvres choisies. Chine. 2 —
— — Whatman. 2 —
CHOISY (l'abbé de). Mémoires sur le siècle de Louis XIV. Chine. 2 —
— — — Whatman. 2 —
DIDEROT. Œuvres choisies . Chine. 6 —
— — — Whatman. 6 —
DU HAUSSET (Mme). Mémoires. Chine. 1 —
— — Whatman. 1 —
FÉNELON. Education des filles. Chine. 1 —
— — Whatman. 1 —
FONTENELLE. Œuvres choisies. Ch. 2 —
— — Whatman. 2 —
LA FONTAINE. Fables . . . Chine. 2 —
— — Whatman. 2 —
— Contes . . . Chine. 2 —
LIGNE (Prince de). Œuvres choisies. Whatman. 1 —
LINGUET. Mémoires sur la Bastille. Ch. 1 —
— — Whatman. 1 —
LOUVET de COUVRAI. Mémoires. Chine. 2 vol.
— — Whatman. 2 —
MOLIÈRE. Œuvres . . . . . Chine. 8 —
MONTAIGNE. Œuvres. . . . Chine. 7 —
— — Whatman. 7 —
RABELAIS. Œuvres. . . . . Chine. 4 —
RACINE. Théâtre . . . . . . Chine. 3 —
RIVAROL. Œuvres choisies . Chine. 2 —
— — Whatman. 2 —
ROTROU. Théâtre choisi. . . Chine. 2 —
— — Whatman. 2 —
SAINT ÉVREMOND Œuvres choisies. Chine. 2 —
— — Whatman. 2 —
STERNE. Voyage sentimental. Chine. 1 —
— — — Whatman. 1 —
VOITURE. Lettres . . . . . Chine. 2 —
Whatman. 2 —
VOLTAIRE Théâtre. . . . . Chine. 1 —
— — Whatman. 1 —
— Romans et Contes . Chine. 4 —
— — Whatman. 4 —
— Poésies . . . Chine. 1 —
— — Whatman. 1 —
— Histoire de Charles XII. Chine. 2 —
— — Whatman. 2 —
— Dictionnaire philosophique. Chine. 2 —
— — — Whatman. 2 —

OCCASIONS. — LIBRAIRIE DES BIBLIOPHILES

CABINET DU BIBLIOPHILE

RÉIMPRESSION D'OUVRAGES DE TOUTE RARETÉ

Tirage à 300 exempl. sur papier vergé de Hollande. — Format in-16 elzévirien

Chaque volume : 0 fr. 85 au lieu de 7, 8 et 10 fr.

Le Disciple de Pantagruel, 1543. — Ouvrage attribué à Rabelais, publié par le bibliophile Jacob. 1 vol.

Le Printemps. Poëme de ses Amours. Stances et Odes, par D'Aubigné. Ouvrage publié pour la première fois d'après un manuscrit ayant appartenu à Mme de Maintenon. 1 vol.

Œuvres poëtiques de Courval Sonnet, 1627. — « Satires contre les abus et désordres de la France ». Les exercices de ce temps contenant plusieurs satires contre les mauvaises mœurs. Suite des exercices contre le joug nuptial et fâcheuses traverses du mariage. 3 vol.

Les premières Œuvres poëtiques de Maria de Romieu, 1581. — Contenant un bref discours : « Que l'excellence de la femme surpasse celle de l'homme », non moins récréatif que plein de beaux exemples. 1 vol.

Légende de Pierre Faifeu, 1581. — La légende de Faifeu est un recueil des faits plus ou moins pendables et qui veulent tous être plaisants. 1 vol.

Le premier texte de Mme de Sévigné, 1725. — Lettres de Mme de Sévigné à Mme de Grignan, sa fille, qui contient beaucoup de particularités de l'histoire de Louis XIV. 1 vol.

Poësies de Claude Buttet, 1561. — Buttet est un des poètes les plus remarquables de son temps ; il se distingue par la pensée, par l'expression et le rythme ; il a du sentiment, de la passion ; il sait peindre la nature. 2 vol.

Les Satires du sieur Dulaurens divisées en 2 livres, 1624. — Dulaurens se fit des ennemis par son esprit caustique et railleur, d'une humeur si peu accommodante que jamais il ne put vivre en paix. 1 vol.

Fables d'Esope, mises en rithme françoise par G. Corrozet. — L'intérêt de ces fables, outre la curiosité qu'elles ont, c'est d'être la première traduction en vers publiée en France en 1542. 1 vol.

— **Le Même**, sur papier de Chine ou Whatman, exemplaires numérotés. Au lieu de 24 fr. Net **7.25**

Œuvres inédites de Pierre Motin, Sonnets, 1620. — La note dominante du talent de Motin, c'est une sorte de mélancolie pleine d'amertume et féconde en sarcasmes, tristesse âpre, poignante et railleuse. 1 vol.

Discours satiriques et moraux ou Satires generales de Louis Petit. — Réimpression d'un ouvrage rarissime publié en 1565. 1 vol.

Les Eglogues et autres œuvres poëtiques de Jacques Béreau, poitevin. — Ouvrage de toute rareté, publié en 1565. 1 vol.

Poësies diverses tirées de la muse Chrétienne, de Pierre Poupo, avocat au baillage de Bar-sur-Seine. 1580. — « C'est une muse chaste qui ne chante d'autre beauté que la beauté céleste. » 1 vol.

Les Lunettes des princes de Meschinot. — Réimpression d'un ouvrage rare publié en 1493. Le poète use d'une extrême liberté à l'égard des puissants de la terre. Il ne craint pas de dire que l'empereur est fait de même matière qu'un porcher ; le pape suit la loi commune. 1 vol.

Le Rabelais de poche

Avec un dictionnaire pantagruélique, tiré des œuvres de Rabelais, par Eugène Noël. 1 vol. in-12, sur papier Whatman, exemplaires numérotés ornés d'un portrait gravé à l'eau-forte par Boilvin.

Au lieu de 10 fr. . . . . Net **3** fr.

RABELAIS ET SON ŒUVRE

Etude historique et littéraire. 1 vol. in-8 sur papier de Chine ou Whatman, exemplaires numérotés ornés d'un portrait gravé à l'eau-forte par Gilbert.

Au lieu de 15 fr. Net. **4.50**

Le Monument de Alexandre Dumas, œuvre de Gustave Doré

Discours prononcés devant le monument, le jour de l'inauguration. Poésies récitées le même jour sur différents théâtres, ou distribuées aux assistants, préface de A. Dumas fils. Discours funèbre prononcé par A. Dumas fils sur la tombe de G. Doré. — Ensemble 1 vol. in-8, sur pap. whatman, orné d'une eau-forte de E. Abot, port. de G. Doré gr. par Massard.

Au lieu de 10 fr. Net . . . . **3** fr.

RECUEIL GÉNÉRAL DES FABLIAUX

DES XIIIe ET XIVe SIÈCLES

Imprimés ou inédits, publiés d'après les Manuscrits, avec notes, variantes et glossaire

PAR A. DE MONTAIGLON ET G. RAYNAUD

Ce Recueil, le seul complet publié jusqu'à ce jour, forme 6 vol. in-8° écu, sur pap. de Hollande, 60 fr. Net **54** fr.

OCCASIONS. — LIBRAIRIE DES BIBLIOPHILES

SOLDES

LES PETITS CHEFS-D'ŒUVRE

Chacun de ces ouvrages forme 1 vol. in-16 imprimé avec beaucoup de soin sur papier de Hollande.
Au lieu de 3, 4 et 5 fr., chaque volume, net. . . . . **1** fr.

Contes d'Hamilton publiés par M. de Lescure : *Le Bélier. Fleur d'Epine. Les Quatre Facardins. Zéneyde.* 4 volumes se vendant séparément.
Le Méchant, de Gresset, publ. par G. d'Heylli.
Le temple de Gnide, de Montesquieu.
Voyage en Laponie, de Regnard.
Lettres portugaises, publ. par A. Piedagnel.
La Gastronomie, de Berchoux.
La Métromanie, de Piron.
Le Diable amoureux, de Cazotte.
La dot de Suzette, de Fiévée.
Mémoires de Perrault.
Lettres de Mademoiselle Aïssé.
Ourika, de Mme Durand.
Madrigaux de la Sablière.
Edouard, de Mme de Duras.
Clavijo, de Beaumarchais.
Le Philosophe sans le savoir, de Sedaine.
Mademoiselle de Clermont, de Mme de Genlis.
Réflexions sur le divorce de Mme Necker.
Discours sur les passions de l'amour, de Pascal.
Conseils à une amie, de Mme de Puisieux.
Œuvres choisies de Gilbert.
Chansons d'Hégésippe Moreau.
Mémoires d'un jeune Espagnol, de Florian.
Le Glorieux, de Destouches.
La Coupe enchantée, de La Fontaine et Champmeslé.
Est-il bon? Est-il méchant?, comédie de Diderot.
Fables de Fénelon.
Mademoiselle de Combes, de Fléchier.
Les Matinées du roi de Prusse.
La Chercheuse d'Esprit, de Favart.
Lettres du prince de Ligne à la marquise de Coigny.
Mémoires de Voltaire.
Le Cercle ou la Soirée à la mode, de Poinsinet.
Discours de la méthode, de Descartes.
Œuvres choisies de Dorat.
Du Contrat social, de J.-J. Rousseau.
La Surprise de l'amour, de Marivaux.
Paroles d'un Croyant, de Lamennais.
Anecdotes sur le maréchal de Richelieu, de Ruthiers, publ. par E. Asse.
Œuvres choisies du Chevalier de Bonnard.

LES CHEFS-D'ŒUVRE INCONNUS

Collection publiée sous la direction de M. Paul Lacroix.

Chaque volume imprimé avec luxe, format in-18, contenant une eau-forte.
Au lieu de 5 et 6 fr., net. . . . . **1** fr.

Veillées d'un malade, par Villeterque.
Les Porcherons, poème poissard.
Contes de Saint-Lambert.
Bagatelles morales, de l'abbé Coyer.
*Les confessions du comte de****, par Ch.-P. Duclos. Préface par Eug. Asse.
Les Promenades à la mode (Paris, au XVIIIe siècle).
Almanach des bizarreries humaines, de Bailleul. Préf. par A. Aulard.
Voyage de Montbard, de Hérault de Séchelles. Préf. par A. Aulard.
Arlequin Pluton, comédie de Th. de Gueulette.

BIBLIOTHÈQUE DES DAMES

Superbes volumes imprimés sur papier de Hollande. Format in-18. Tirage à petit nombre.
Chaque volume, au lieu de 7 et 8 fr., net . . . . **1** fr. **75**

Contes de Madame d'Aulnoy, avec préface de de Lescure, contenant : Gracieuse et Percinet, la Belle aux cheveux d'or, l'Oiseau bleu, le prince Lutin, la princesse Rosette, Finette Cendron, la Chatte blanche, la Biche au Bois, Belle-Belle ou le Chevalier Fortuné. 2 vol.

Lettres à Emilie sur la mythologie, de Demoustier. 3 frontispices à l'eau forte de Lalauze. 3 vol.

Ces leçons sur la mythologie, adressées à une jolie personne par un jeune avocat, sont mêlées de prose et de vers et semées de compliments très galants.

Poésies de Madame des Houllières, préface par M. de Lescure. 1 vol.

La vie de Marianne de Marivaux. 3 frontispices à l'eau-forte par Salmon. 3 vol.

Il est impossible de ne pas goûter dans ce roman la pénétrante saveur dont l'héroïne assaisonne le récit de ses aventures ; le style est d'une finesse et d'une délicatesse toutes féminines.

Œuvres morales de la marquise de Lambert. Frontispice à l'eau-forte de Salmon. 1 vol.

Mme Lambert fut une puissance sociale, littéraire, académique ; son salon dirigea la mode, régenta le goût et imposa le ton.

Souvenirs de Madame de Caylus. Frontispice à l'eau-forte de Salmon. 1 vol.

Ce livre est un des plus gracieux chefs-d'œuvre qui soient jamais tombés d'une plume féminine. C'est un de ceux qui font le mieux connaître l'intérieur de la cour de Louis XIV.

Valérie, par Mme Krudener. Frontispice à l'eau-forte par Lalauze. 1 vol.

Ce roman, écrit par une des femmes les plus romanesques et les plus célèbres du commencement du siècle, est remarquable par le charme du style, l'élévation des idées, sorte de confession des premiers égarements de sa vie.

Mémoires de Madame Roland. 2 frontispices à l'eau-forte par Lalauze. 2 vol.

LES MARGUERITES DE LA MARGUERITE DES PRINCESSES

Texte de l'édition de 1547, 4 splendides volumes in-8.

Papier de chine ou whatmann. Exemplaires numérotés, tirés à quelques exemplaires seulement.
Au lieu de **120** fr., net. . . . . . **30** fr.

Le même ouvrage. Papier vergé, 4 vol., net. . . . . **20** fr.

Edition ornée d'un portrait de Marguerite de Navarre ; publiée avec introduction, notes et glossaire par Félix Frank.

OCCASIONS. — LIBRAIRIE DES BIBLIOPHILES

NOUVELLE COLLECTION MOLIÈRESQUE

Publié par Paul LACROIX et G. MONVAL. Réimpression d'ouvrages rares.

Format in-18. Tirage à petit nombre.

ORAISON FUNÈBRE DE MOLIÈRE par de VISSÉ, suivie d'un recueil d'épitaphes et d'épigrammes, notice du bibliophile Jacob (extrait du *Mercure galant* de 1673). 1 vol., papier vergé. Au lieu de 4 fr., net 0 85
Sur papier de Chine ou Whatman. Au lieu de 8 fr., net 2 40

MÉLISSE, comédie pastorale attribuée à MOLIÈRE (1658). Pièce en vers où Molière fait ressortir les ressources de la langue poétique et les raffinements de dialectique amoureuse que l'auteur a mis au service de la bergère. 1 vol., papier vergé. Au lieu de 6 fr., net 0 85
Sur papier de Chine ou Whatman. Au lieu de 12 fr., net 3 60

RÉCIT DE LA FARCE DES PRÉCIEUSES de Mlle DESJARDINS, suivi de la déroute des Précieuses, mascarade, avec notice du bibliophile Jacob. 1 vol., papier vergé. Au lieu de 3 50, net 0 85
Sur papier de Chine ou Whatman Au lieu de 7 fr., net 2 10

LE PORTRAIT DU PEINTRE, ou la contre-critique de l'école des femmes, comédie de BOURSAULT 1 vol in-12, papier vergé. Au lieu de 4 fr., net 0 85
Sur papier de Chine ou Whatman. Au lieu de 8 fr., net 2 40

NOTES et documents sur les théâtres de Paris au XVIIe siècle, extraits des manuscrits de Tralage. 1 vol. in-12, papier vergé. Au lieu de 5 fr., net 0 85
Sur papier de Chine ou Whatman. Au lieu de 10 fr., net 3 fr.

L'OMBRE DE MOLIÈRE, comédie de BRÉCOURT (1673). Cette comédie n'est qu'une seule représentation : on a tout lieu de supposer que la pièce fut interdite, par suite des démarches de la veuve de Molière. 1 vol. in-12. papier vergé. Au lieu de 4.50, net 0 85
Sur papier de Chine ou Whatman. Au lieu de 9 fr., net 2 70

LA COUPE DU VAL DE GRACE attribuée à Mlle CHÉRON (réponse au poëme de Molière). 1 vol. in-12, papier vergé. Au lieu de 4 fr., net 0 85
Sur papier de Chine ou Whatman. Au lieu de 8 fr., net 2 40

LA FOLLE QUERELLE, ou la critique d'Andromaque, comédie attribuée à MOLIÈRE et à SUBLIGNY (1668). 1 vol. in-12, papier vergé. Au lieu de 6 fr., net 0 85
Sur papier de Chine ou Whatman. Au lieu de 12 fr., net 3 60

PREMIER REGISTRE DE LA THORILLIÈRE (1663-1664). Ce registre est un vrai livre de ménage, qui nous fera pénétrer dans la vie intérieure du théâtre et nous en expliquera le mécanisme. 1 vol., papier vergé. Au lieu de 6.50, net 0 85
Sur papier de Chine ou Whatman. Au lieu de 12 fr., net 3 90

LA VEUVE A LA MODE, par de VISSÉ, pièce jouée par Molière en 1667. Cette pièce était une comédie toute parisienne, un seul acte, peu d'intrigue, la vie bourgeoise prise sur le fait. 1 vol. in-12, papier vergé. Au lieu de 4.50, net 0 85
Sur papier de Chine ou Whatman. Au lieu de 9 fr., net 2 70

LA SATIRE DES SATIRES et LA CRITIQUE DÉSINTÉRESSÉE sur les satires du temps de l'abbé COTIN. Réimpression d'un ouvrage d'une grande rareté. L'abbé Cotin ne put souffrir que son talent lui fût contesté et attaqua violemment dans sa satire Despréaux et Molière. 1 vol., papier vergé. Au lieu de 5.50, net 0 85
Sur papier de Chine. Au lieu de 11 fr., net 3 30

MYRTIL et MÉLICERTE, pastorale héroïque, avec notice par Thierry (1699). 1 vol., papier vergé. Au lieu de 6 fr., net 0 85
Sur papier de Chine ou Whatman Au lieu de 12 fr., net 3 60

PANÉGYRIQUE DE L'ESCOLE DES FEMMES, ou conversation comique sur les œuvres de Molière. Pièce galante et spirituelle que Molière n'osa pas produire sur son théâtre parce qu'elle contenait des choses trop avantageuses pour lui. 1 vol., papier vergé. Au lieu de 5 50, net 0 85
Sur papier de Chine ou Whatman. Au lieu de 11 fr., net 3 30

LE MÉDECIN VOLANT, comédie burlesque par BOURSAULT. Cette pièce est composée sur un sujet italien, vers faciles et bien tournés 1 vol., papier de Hollande. Au lieu de 4 fr., net 0 85
Sur papier de Chine ou Whatman. Au lieu de 8 fr., net 2 40

RECUEIL sur la mort de Molière. Actes, placards, épitaphes. 1 vol., papier de Hollande. Au lieu de 5.50, net 0 85
Sur papier de Chine et Whatman. Au lieu de 11 fr., net 3 30

LETTRES AU MERCURE sur Molière, sa vie, ses œuvres et les comédiens de son temps. 1 vol., papier de Hollande. Au lieu de 5.50, net 0 85
Sur papier de Chine ou Whatman. Au lieu de 11 fr. 3 30

LA PROMENADE A SAINT-CLOUD, par Gabriel GUÉRET (1661). La promenade à St-Cloud est dans son ensemble, à tous les points de vue, un document des plus curieux et qui n'est pas assez connu. 1 vol., papier de Hollande. Au lieu de 6 50, net 0 85
Sur papier de Chine ou Whatman. Au lieu de 13 fr., net 3 90

OCCASION. — LIBRAIRIE DES BIBLIOPHILES

LES CONTEURS FRANÇAIS

Nouvelles récréations et joyeux devis de BONAVENTURE des PÉRIERS

Suivis du Cymbalum Mundi, réimprimés sur l'édition de Lyon 1558 par les soins de D. Jouaust, avec une notice, des notes et un glossaire par L. Lacour.

2 volumes in-8, imprimés avec luxe sur papier vergé. Au lieu de 20 fr. Net. 5 fr. 50
Sur papier de Chine. Exemplaires numérotés. Au lieu de 40 fr. Net . . . 12 fr.

Tirages en grand papier, exemplaires numérotés.

Sur papier de Hollande. Au lieu de 40 fr. Net . . . . 12 fr.
Sur papier de Chine ou Whatman. Au lieu de 60 fr. Net. . . . . . . 18 fr.

Contes et Discours d'Eutrapel de Noël du Fail

Réimprimés sur l'édition de Rennes 1585, avec une notice, des notes et un glossaire par C. Hippeau. 2 beaux vol. in-8, jolie impression, pap. vergé. Au lieu de 20 fr. Net 5 fr. 50
Sur papier de Chine, exemplaires numérotés. Au lieu de 40 fr. Net . . . 12 fr.

Tirages en grand papier, exemplaires numérotés.

Sur papier de Hollande. Au lieu de 40 fr. Net . . . . 12 fr.
Sur papier de Chine ou Whatman. Au lieu de 60 fr. Net. . . . . . . 18 fr.

MATINÉES ET APRÈS-DISNÉES DE CHOLIÈRES

Réimprimées sur l'édition de Paris 1585, avec notes, index et glossaire par D. Jouaust, préface de P. Lacroix.

2 volumes in-8, belle impression, papier vergé. Au lieu de 20 fr. Net. . . 5 fr. 50
Sur papier de Chine, exemplaires numérotés. Au lieu de 40 fr. Net . . . 12 fr.

Tirages en grand papier, exemplaires numérotés.

Sur papier de Hollande. Au lieu de 40 fr. Net . . . . 12 fr.
Sur papier de Chine ou Whatman. Au lieu de 60 fr. Net. . . . . . . 18 fr.

Heptaméron des Contes de la Reine de Navarre

Publié sur l'édition de Paris 1559, avec notice, notes, glossaire et index, par P. Lacroix.

2 volumes in-8, papier vergé. Au lieu de 20 fr. Net. . . . . 5 fr. 50
Sur papier de Chine, exemplaires numérotés. Au lieu de 40 fr. Net. . . . 12 fr.

Tirages en grand papier, exemplaires numérotés.

Sur papier de Chine ou Whatman. Au lieu de 60 fr. Net. . . . . . . 18 fr.

Suite des 8 eaux-fortes de Flameng et portrait de Marguerite de Navarre, pouvant illustrer cet ouvrage. Avec lettre. Au lieu de 18 fr. Net. . . . . 9 fr.

L'ÉLITE DES CONTES DU SIEUR D'OUVILLE

Réimprimés sur l'édition de Rouen 1680, avec une préface et des notes par G. Brunet.

2 volumes in-8, papier vergé. Au lieu de 20 fr. Net . . . . 5 fr. 50
Sur papier de Chine, exemplaires numérotés. Au lieu de 40 fr. Net . . . 12 fr.

Tirages en grand papier, exemplaires numérotés.

Sur papier de Hollande. Au lieu de 40 fr. Net . . . . 12 fr.
Sur papier de Chine ou Whatman. Au lieu de 60 fr. Net . . . . 18 fr.

Colloques d'Érasme

Traduits par V. Develay; ouvrage orné de 52 vignettes à l'eau-forte et un portrait d'Erasme par J. Chauvet. 3 volumes in-8 écu, imprimés à petit nombre sur papier vergé. Au lieu de 60 fr. Net . . . . 18 fr.

Sur papier de Chine in-8 écu, exemplaires numérotés, gravures avant lettre. Au lieu de 120 fr. Net . . . . 36 fr.

Tirages en grand papier in-8 raisin. Exemplaires numérotés.

Sur papier vélin à la forme. Au lieu de 90 fr. Net . . . . 27 fr.
Sur papier de Chine ou Whatman, gravures avant lettre. Au lieu de 180 fr. Net 54 fr.

OCCASIONS. — LIBRAIRIE DES BIBLIOPHILES

ŒUVRES DE JULES JANIN

Cette série se compose de différentes pièces, absolument inconnues aujourd'hui, enfouies qu'elles sont dans des journaux et revues où on ne les trouverait que bien difficilement, et qui sont la partie la plus piquante de ses œuvres.

L'ANE MORT

ET

LA FEMME GUILLOTINÉE

Précédé de l'autobiographie de l'auteur.

1 vol. in-12. 3 fr. 50 Net 1 fr. 75

MÉLANGES ET VARIÉTÉS

2 vol. in-12. 7 fr. . . . Net 2 fr. 25

De l'influence de la Plume de fer en littérature. — Le dîner de Beethoven. — Conte fantastique. — La vallée de Bièvre. — Les deux frères Johannot. — La mort du duc de Reichstadt.

Le même. 2 vol. papier de Chine. Exemplaires numérotés, chaque vol. est orné d'une eau-forte de Hédouin en deux états : avec et avant lettre.

Au lieu de 30 fr. . . . . Net 9 fr.

ŒUVRES D'HORACE

ODES — SATIRES — ÉPITRES

Traduction de J. Janin.

2 volumes in-12. 7 fr. . . . Net 2 fr. 25

Le même. 2 vol. papier de Hollande, ornés d'une eau-forte de Hédouin.

15 fr. . . . . . . Net 4 fr. 50

CORRESPONDANCE

Publiée avec le concours de M. Clément Janin.

1 vol. in-12. . . . 3 fr. 50 Net 1 fr. 50

Le même. 2 vol. papier de Chine ou Whatman, avec un portrait de J. Janin, avec et avant lettre, gravé à l'eau-forte par Hédouin.

Au lieu de 15 fr. . . . Net 4 fr. 50

BARNAVE

2 vol. in-12. 7 fr. . . . Net 2 fr. 50

Le même. 2 vol. papier de Chine ou Whatman, ornés d'une eau-forte de Hédouin avec et avant lettre.

Au lieu de 30 fr. . . . . . Net 9 fr.

PETITS CONTES

Le Rendez-vous. — Le Télégraphe du Rainey. — Les Mémoires d'un mineur. — Madame de Maintenon et Ninon de L'Enclos. — J.-J. Rousseau au Mercure de France. — La Double méprise, etc. 1 vol. in-12 br., papier de Chine ou Whatman, orné d'une eau-forte de Lalauze en deux états.

Au lieu de 15 fr. . . Net 4 fr. 50

PETITE CRITIQUE

Critique littéraire — Critique historique — Critique dramatique. 1828-1837. 1 vol. in-12, papier de Chine ou Whatman, orné d'une eau-forte de Lalauze en deux états.

Au lieu de 15 fr. . . . Net 4 fr. 50

PETITS SOUVENIRS

Croquis littéraires. — Mille et une choses. — Croquis à la plume. 1 vol. in-12, papier de Chine ou Whatman, orné d'une eau-forte de Lalauze en deux états.

Au lieu de 15 fr. . . . Net 4 fr. 50

PETITS ROMANS

Le Piédestal. — Nouvelle nouvelle — Le Pressentiment. 1 vol. in-12, papier de Chine ou Whatman, orné d'une eau-forte de Lalauze en deux états.

Au lieu de 15 fr. . . . Net 4 fr. 50

PETITS MÉLANGES

Types antiques et modernes. — Bouts les humoristiques. — Littérature mêlée. — Bluettes sentimentales. — A propos de tout et de rien. 1 vol. in-12, papier de Hollande, orné d'une eau-forte de Lalauze.

Au lieu de 7 fr. 50. . . . Net 2 fr. 25

Le même, papier de Chine ou Whatman, avec une eau-forte de Lalauze en deux états.

Au lieu de 15 fr. . . . Net 4 fr. 50

ŒUVRES DE P. DE MOLÈNES

Tirage d'amateurs sur papier de *Chine* ou *Whatman*, chaque volume est orné d'une eau-forte de Armand Dumaresq, en deux états, avec lettre et avant lettre, réservée spécialement pour ce tirage.

Chaque volume. Au lieu de 15 fr. . . . . Net 4 fr. 50

Histoires et récits militaires. 1 volume.

La garde mobile. — Le soldat en 1790. — Les souffrances d'un Houzard. — Les visions de la tente. — Le deuil de Lady Jessing.

Voyages et pensées militaires. 1 volume.

Les solitudes de Sidi-Pontrailles. — La bonne fortune de Ben-Affroun. — Les soirées du Bordj. — La princesse Prométhée.

Mélanges. Questions militaires. — **Littérature.** — **Correspondance.** 1 volume.

Aventures du temps passé. 1 volume.

Le Comte Saladin. — L'amoureux de la mer. — Les caraïbes et leur souverain, etc.

Les commentaires d'un soldat. 1 volume.

La guerre de Crimée. — L'hiver devant Sébastopol. — La guerre d'Italie.

Les caprices d'un régulier. 1 volume.

Le soldat en 1709. — Réflexions sur l'imitation de Jésus-Christ.

Cabinet de Vénerie

Bibliothèque du Chasseur bibliophile

Publiée par les soins de E. JULIEN, P. LACROIX et MARTIN-DAIRVAULT

Discours de l'antagonie du chien et du lièvre, ruses et proprietez d'iceux, l'un à bien assaillir, l'autre à bien se deffendre, par *Jehan du Bec*. Réimprimé sur l'édition de 1593, avec une notice et des notes. 1 vol. in-12, sur papier de Chine ou Whatman. *Au lieu de 12 fr.*, net. . . . . **3 fr. 50**

La Chasse du Loup, nécessaire à la maison rustique, par *Jean de Clamorgan*. Réimprimé sur l'édition de Lyon 1588, avec notices et notes. 1 vol. in-12, sur papier de Chine ou Whatman. *Au lieu de 12 fr.*, net. . **3 fr. 50**

Le bon Varlet de Chiens, publié d'après le texte inédit d'un manuscrit de la Bibliothèque de l'Arsenal, avec notice et notes. 1 vol. in-12 sur papier de Chine ou Whatman. *Au lieu de 15 fr.*, net . . . . **4 fr. 50**

L'Art de Faulconnerie et des chiens de chasse de *Guillaume Tardif*, réimprimé sur l'édition de 1792, avec notice et notes, 2 vols. in-12 sur papier de Hollande. *Au lieu de 16 fr.*, net **3 fr. 50**

Sur papier de Chine ou Whatman. *Au lieu de 32 fr.*, net . . . . **9 fr. 50**

Débat entre deux Dames sur le passe temps des chiens et des oiseaux, poème de *G. Crétin*, suivi de la **Chasse royale,** poème de *H. Salel*, avec notice et notes. 1 vol. in-12 sur papier de Hollande. *Au lieu de 7 fr. 50*, net . **1 fr. 75**

Sur papier de Chine ou Whatman. *Au lieu de 15 fr.*, net . . . . **4 fr. 50**

Le Livre du Roi Dancus, texte français inédit du XIIIe siècle, suivi d'un **Traité de Fauconnerie** d'après *Albert Le Grand*, avec notice et notes. 1 vol. in-12, papier de Hollande. *Au lieu de 8 fr.*, net . . . . **1 fr. 75**

Sur papier de Chine ou Whatman. *Au lieu de 16 fr.*, net . . . . **5 fr.**

La Conférence des Fauconniers, de *Ch. d'Arcussia*. Réimprimée sur l'édition de 1644, avec notices et notes. 1 vol. in-12 sur papier de Hollande. *Au lieu de 11 fr.*, net. **1 fr. 75**

Sur papier de Chine ou Whatman. *Au lieu de 22 fr.*, net . . . . **6 fr. 50**

La Muse chasseresse, par *G. Du Sable*, réimprimée d'après l'édition originale de 1611, avec notices et notes. 1 vol. in-12 sur papier de Hollande. *Au lieu de 6 fr*, net . . **1 fr. 75**

Sur papier de Chine ou Whatman. *Au lieu de 12 fr*, net . . . . **3 fr. 50**

Le Lièvre, poème de *Simon de Bullandre*, prieur de Milly en Beauvoisis. Réimprimé sur l'édition de 1585, avec notice et notes. 1 vol. in-12 sur papier de Hollande. *Au lieu de 5 fr. 50*, net. . . . . **1 fr. 75**

Sur papier de Chine ou Whatman. *Au lieu de 11 fr.*, net . . . . **6 fr. 50**

Nouvelle Invention de chasse, pour prendre et oster les loups de la France, par *Louys Gruau*, avec notice et notes 1 vol. in-12, papier de Chine ou Whatman. *Au lieu de 17 fr.*, net. **5 fr. 25**

L'Eglise et la Chasse, par *Gourdon de Genouillac*. 1 vol. in-12 sur papier de Hollande. *Au lieu de 6 fr.*, net. . . . . **1 fr. 75**

Sur papier de Chine ou Whatman. *Au lieu de 12 fr.*, net . . . . **3 fr. 50**

Les Grandes Chasses au XVIe siècle. Veneurs et chasseurs François Ier, Henri II. Les chevaux et l'équitation. François II et Marie Stuart. Charles IX. Henri III. Les chasses de Henri IV. 1 vol in-12 sur papier de Hollande. *Au lieu de 6 fr.*, net . . . . **1 fr. 75**

Sur papier de Chine ou Whatman. *Au lieu de 12 fr*, net . . . . **3 fr. 50**

ŒUVRES CHOISIES DE DIDEROT

Précédées d'une introduction par PAUL ALBERT

CONTENANT

Contes et Mélanges. — Œuvres dramatiques. — Correspondance avec Mlle Voland. — Variétés.

6 magnifiques volumes in-8 brochés, imprimés avec luxe sur papier de Hollande

Au lieu de 120 francs, net . . . . 25 francs

OCCASIONS. — LIBRAIRIE DES BIBLIOPHILES

RÉIMPRESSION FAC-SIMILE

DES

ÉDITIONS ORIGINALES DE MOLIÈRE

Publiées par L. LACOUR. — Format in-18 raisin. *Tirage sur papier vergé.*

Au lieu de 7, 8 et 10 francs. **Net** . . . . **1 fr.**

LE MALADE IMAGINAIRE. 1 vol.
LE SICILIEN. 1 —
GEORGES DANDIN. 1 —
LES FOURBERIES DE SCAPIN. 1 vol.
PSYCHÉ. 1 —
LES PLAISIRS DE L'ISLE ENCHANTÉE. 1 —

Classiques Français

Edition de luxe. Format in-8. CHAQUE VOLUME. Au lieu de 20 et 30 fr. **Net.** **6 fr. 50**

LE SAGE. *Histoire de Gil Blas*, préface de F. Sarcey. Portrait gravé par Nargeot. Hollande. 2 vol.

LA BRUYÈRE. *Les Caractères*, publ. par L. Lacour. Portrait par Flameng. Hollande. 2 —
— — Chine. 2 —
— — Whatman. 2 —

LA FONTAINE. *Fables*. Notice par P. Lacroix. Portrait par Flameng. Hollande. 2 —
— — Chine. 2 —
— — Whatman. 2 —

MONTAIGNE. *Essais*. Edit. de 1588 publ. par Motheau et Jouaust, notice par de Sacy, portrait p. Gaucherel. Hollande. 4 vol.

PASCAL. *Pensées*, avec portrait par Gaucherel. Hollande. 1 —
— *Les Provinciales*. Préface par F. Sarcey. Hollande. 1 —
— — Chine. 1 —
— — Whatman. 1 —

VILLON. *Œuvres complètes*, publ. par P. Lacroix. Hollande. 1 —
— Chine. 1 —
— — — Whatman. 1 —

COLLECTION BIJOU

Imprimée à petit nombre sur papier vélin de Hollande, avec ornements de GIACOMELLI.

Eaux-fortes imprimées dans le texte. — Cadres rouges.

CHAQUE VOLUME format in-16. Au lieu de 20 fr. **Net** . . . . . **5 fr.**

PSYCHÉ, de La Fontaine. Dessins d'Ém. Lévy, gravés par Boutelié. 1 vol.

AMINTE, du Tasse, traduction du sieur de la Brosse (XVIe siècle), avec une étude par H. Reynald. Dessins de Ranvier, gravés par Champollion. 1 vol.

ANACRÉON, traduction nouvelle et préface par Maurice Albert. Dessins d'Ém. Lévy, gravés par Champollion. 1 vol.

THÉOCRITE (Idylles de), traduction nouvelle par Jules Girard. Dessins d'Ém. Lévy, gravés par Champollion. 1 vol.

L'ORESTIE, d'Eschyle, trad. de Pierron. Dess. de Rochegrosse, grav. par Champollion. 1 vol.

BEAUX LIVRES ILLUSTRÉS

(Librairie des Bibliophiles)

Acteurs et Actrices du temps passé par Ch. GUEULLETTE. *La Comédie-Française*, portraits d'artistes gravés à l'eau-forte par LALAUZE et tirés sur Chine.

Un magnifique volume grand in-8. Broché. Au lieu de 35 francs. Net. 4 fr. 75

Comédiens et Comédiennes. Théâtre divers. Notice par F. SARCEY, portraits d'artistes gravés à l'eau-forte par L. GAUCHEREL et Ad. LALAUZE.

Un beau volume gr. in-8. Broché. Au lieu de 10 francs. Net. 4 fr. 95

Coquelin cadet, A. Dupuis, A. Targueil, Dinah Félix, J. Samary, Lafontaine, Marie Laurent, L. Leblanc, Mme Pasca, Blanche Pierson, Worms, etc. etc.

Georges d'HEYLLI. Rachel d'après sa correspondance, avec quatre portraits gravés à l'eau-forte par MASSARD.

Un volume grand in-8. Broché. Au lieu de 15 fr. Net. 4 fr. 75

Rachel élève de Samson. — Rachel et la Comédie-Française. — L'esprit de Rachel. — Tournées de Rachel. — Sa mort, etc.

Peintres et Sculpteurs contemporains, artistes décédés de 1870 à 1880. Artistes vivants en 1881. Notices et préface par J. CLARETIE. Portraits gravés à l'eau-forte par MASSARD.

Deux volumes grand in-8. Brochés. Au lieu de 80 francs. Net. 9 fr. 90

OCCASIONS. — LIBRAIRIE DES BIBLIOPHILES

OUVRAGES COMPLÈTEMENT ÉPUISÉS

BOCCACE. *Les dix journées*, traduction de Le Maçon, avec notice, notes et glossaire par P. Lacroix. 4 vol. in-16, belle rel. amateur, net 85 fr.

Rare et charmante édition ornée de 11 eaux-fortes de Flameng.

Suite des 11 planches de Flameng. 22 fr. . net 11 fr.

BRILLAT-SAVARIN. *Physiologie du goût.* 2 jolis volumes in-16, illustrés de un portrait et de 52 charmantes eaux-fortes de Lalauze, net 60 fr.

Un des plus rares et des plus beaux ouvrages publiés par la librairie des bibliophiles.

Suite des 52 eaux-fortes de Lalauze, 50 fr. . net 25 fr.
Epreuves avant toute lettre, 100 fr. . . . net 50 fr.

Cent nouvelles nouvelles, avec notices, notes, et glossaire par P. Lacroix, 10 fascicules in-16. net 50 fr.

Charmante édition contenant deux suites des dessins de J. Garnier dont une à l'eau-forte par Lalauze et une suite des dessins reproduits par l'héliogravure.

Suite des 10 dessins de Garnier, reproduits en héliogravure ou gravés à l'eau-forte par Lalauze. 20 fr. . . net 10 fr.
Avant lettre. 30 fr. . . . . net 15 fr.

CHATEAUBRIAND. *Atala*, dessins d'Emile Lévy, gravés à l'eau-forte par Champollion. 1 vol. in-16. . . . . net 17 fr 50

Papier Whatman, non mis dans le commerce . . . . net 30 fr.

Suite des 5 planches d'Em. Lévy. 5 fr. . net 2 fr. 50
Avant lettre. 8 fr. . . . . net 4 fr.

CHEVIGNÉ. *Les contes rémois*, dessins de J. Worms, gravés à l'eau-forte par Rajon. 1 vol. in-16 . . . . net 25 fr.

In-8, papier de Hollande relié amateur, exemplaire numéroté . . . . net 50 fr.

Suite des dessins de J. Worms. 14 fr. . . . net 7 fr.
Avant lettre. 22 fr. . . . . net 11 fr.
Av. t. lettre. 40 fr. . . . . net 20 fr.

DAUDET (Alph.). *Contes*, édition ornée de 7 eaux-fortes de Eugène Burnand 1 vol. in-8 écu . . . . net 18 fr.

Suite des 7 planches de Eug. Burnand. 18 fr. net 9 fr.
Avant lettre. 30 fr. . . . . net 14 fr.
Av. t. lettre. 45 fr. . . . . net 20 fr.

GAUTIER (Th.) *Le capitaine Fracasse*, belle édition ornée de 14 dessins de Ch. Delort et un portrait gravé par Mongin. 3 vol. in-8 écu, papier vélin de Hollande. 75 fr. . . . . . net 55 fr.

Sur papier de Chine avec une double épreuve des gravures. 150 fr. . . . . . . net 70 fr.

Format in-8 raisin sur papier de Chine avec une double suite des gravures. Exemplaires numérotés. 240 fr. . . . . net 110 fr.

Sur papier de Hollande. 120 fr. net 90 fr.

Suite de 14 dessins de Ch. Delort et portrait gravé par Mongin. 40 fr. . . . . net 20 fr.
Avant lettre. 60 fr. . . . . net 30 fr.
Avant t. lettre. 90 fr. . . . . net 40 fr.
Av. t. lettre sur Japon. 115 fr. . . . . net 50 fr.

LE SAGE. *Histoire de Gil Blas de Santillane*, édition ornée de 13 charmantes eaux-fortes de Los Rios. 4 vol. in-16. . . . . net 39 fr. 50

Sur papier de Hollande, exemplaire numéroté. . . . . net 65 fr.

Suite des 13 planches. 26 fr. . . . . . net 13 fr.
Avant lettre. 40 fr. . . . . net 20 fr.
Av. t. lettre. 60 fr. . . . . net 27 fr.
Av. t. lettre sur Japon. 80 fr. . . . . . net 35 fr.

MOLIÈRE. *Théâtre* Splendide édition ornée des dessins de Leloir, gravés à l'eau-forte par Flameng. In-8, brochés, net . . . . 190 fr.

Rich. relié, rel. amateur, net . . 275 fr.

Cette édition est une des plus belles parmi les éditions modernes.

Suite des 31 dessins de L. Leloir et un portrait, gravés par Flameng. 120 fr. . . . . net 60 fr.
Avant lettre 175 fr. . . . . net 87 fr. 50

SARCEY. *Comédiens et comédiennes*. 2 forts vol. in-8, sur papier Whatman, avec une double épreuve des portraits avant et avec la lettre. Exemplaire numéroté. 240 fr. . . . net 80 fr.

Première édition : La Comédie française, Mmes Arnould-Plessy, Sarah-Bernhardt, Madeleine Brohant, Croizette, Favart, MM. Bressant, Febvre, Reignier, Delaunay, Maubant, Thirion, Mounet-Sully, Laroche.

Deuxième série ; Mmes J. Essler, Farguell, Dinah Félix, Samary, M. Laurent, L. Leblanc, Pasca, Pierson, Rousseil, MM Barré, Coquelin cadet, Delannoy, Dupuis, Geoffroy, Lafontaine, Saint-Germain, Worms.

STAAL (Mme de). *Mémoires*. Superbe édition ornée de 41 compositions de Lalauze. 2 vol. in-16 . . . . net 44 fr.

Papier de Chine contenant une double épreuve des eaux-fortes hors texte, exemplaires numérotés . . . . net 60 fr.

Tirage in 8 sur papier de Hollande. Exemplaire numéroté . . . . net 100 fr.

Suite des 41 eaux-fortes de Lalauze. 42 fr. . net 21 fr.
Avant lettre. 60 fr. . . . . net 30 fr.
En premier état sur Japon. 375 fr. . . . 187 fr. 50

Dr MARRIN. **La Beauté** chez la femme et chez l'homme. Guide pratique indiquant les moyens de l'acquérir, de la conserver, de l'augmenter. 1 volume in-18. 4 fr., net 1 fr. 75

— **L'Hypnotisme** théorique et pratique, comprenant les procédés d'hypnotisation. 1 vol. in-18. 4 fr., net . . . . 1 fr 75

— **Les maladies de l'amour**. Guide pratique pour s'en préserver et les guérir soi-même. — Hygiène. 1 vol. in-18. 4 fr., net . . . . 1 fr 75

— **Le mariage** théorique et pratique, son hygiène, ses avantages, ses devoirs, ses misères (Traitant des mariages divers chez différents peuples et à diverses époques. Nuit de noces, lune de miel, chambre à coucher, rôle de la femme, rôle de l'homme, etc.) 1 vol. in-18. 4 fr., net . . . . 1 fr. 75

Dr ZEISSL (H.). **Traité** des maladies vénériennes, traduit et annoté par le Dr Baugé. — Blennorrhagie chez l'homme et chez la femme, syphilis, etc. 1 vol. in-8. Au lieu de 7 fr. 50, net . . . . 1 fr. 75

Dr MARTINEAU. **La Prostitution clandestine** 1 vol. in-18. Net . . . . 3 fr.

Dr HAMON. **L'impuissance sexuelle** chez l'homme et la femme. 1 vol. in-18. Net . 3 fr.

Dr POUILLET. **L'onanisme** chez la femme, ses causes, ses signes, ses conséquences. 1 vol. in-18. Net. . . . . 3 fr.

Dr POUILLET. **L'onanisme** chez l'homme, les abus génitaux. 1 vol. in-18. Net. . 3 fr.

LIVRES de LUXE à grand RABAIS

L'ABBÉ PRÉVOST

HISTOIRE DE MANON LESCAUT ET DU CHEVALIER DES GRIEUX

237 Illustrations de Maurice LELOIR

Comprenant 12 planches hors texte, gravées à l'eau-forte par Ruet, et 225 sujets formant têtes de pages, avec encadrements différents, gravés sur bois par Huyot

Un beau volume in-8 colombier. Broché, 60 fr. *Net* . . . . . . **27** fr.

Ce splendide ouvrage, qui a sa place marquée dans toutes les bibliothèques, a été édité avec le plus grand soin, et les quelques exemplaires qui nous restent seront vite épuisés.

Le même ouvrage broché. Texte Anglais. *Net* . . . . **15** fr.

ANDRÉ THEURIET

LA VIE RUSTIQUE

Beau volume contenant 118 compositions d'après les magnifiques fusains de Léon LHERMITTE, gravées sur bois par C. Bellenger.

Un volume in-8 jésus, 20 fr. *Net* . . . . . . **7** fr. **50**

L'auteur nous fait assister aux occupations multiples des travaux champêtres, *les Semailles, la Fenaison, la Moisson, les Vendanges*, puis nous conduit dans la forêt chez les sabotiers et charbonniers et, dans des pages d'une profonde observation, il raconte les mœurs au village. Léon Lhermitte, le grand peintre des moissons, a retracé toutes les scènes grandioses, familières et poétiques de la vie des champs.

STERNE

Voyage sentimental en France et en Italie.

Splendide volume illustré de 12 planches hors texte en photogravure d'après des aquarelles,

Par **Maurice LELOIR**

70 en-têtes, 70 motifs en manière de lettres ornées, 70 culs de lampe, formant une illustration d'une valeur artistique sans précédent.

Un volume grand in-8 colombier, sur papier vélin, au lieu de 50 fr. *Net* . . . **20** fr.

Maurice Leloir s'est attaché à reconstituer les mœurs, les intérieurs, les costumes du XVIIIe siècle. On retrouvera, dans les délicieuses compositions de ce volume, toutes les qualités qui ont fait la réputation de cet artiste.

LA VIE DE LAZARILLE DE TORMÈS

TRADUCTION NOUVELLE PAR **MOREL-FATIO**

Nombreuses illustrations et eaux-fortes par Maurice LELOIR

Un volume in-8 broché, au lieu de 30 fr. *Net* . . . . **10** fr.

Ce livre, paru vers la fin du règne de Charles-Quint, est le plus populaire et le plus répandu de la littérature espagnole; c'est l'Espagne peinte avec ses misères, ses vices et ses ridicules.

CHARLES DEULIN

Contes d'un Buveur de Bière

100 illustrations de Kauffmann, gravures sur bois de Quesnel et Villemsens.

Un beau volume in-8, reliure artistique, au lieu de 25 fr. *Net* . . . . . . **9** fr. **75**

ROGER MILÈS

ART ET NATURE

Splendide volume grand in-8, illustré de 35 eaux-fortes et lithographies originales de Puvis de Chavanne, Roll, Rousseau, Diaz, Daubigny, etc. Chaq page de texte ornée d'un élégant filet rouge.

Broché, au lieu de 50 fr. *Net* . . . . . . **15** fr.

HISTOIRE UNIVERSELLE

Depuis les temps les plus reculés jusqu'à nos jours, par Georges WEBER. 13 volumes in-18.

Belle reliure de bibliothèque, tranches jaspées. Au lieu de 63 francs. *Net* . . . **32** fr.

Excellent ouvrage de bibliothèque; l'auteur expose, dans un style élégant et sans parti pris ni partialité, l'existence historique des peuples anciens et modernes, et leur évolution par le développement progressif de la civilisation.

LIVRES DE LUXE A GRAND RABAIS

BERNARDIN DE SAINT-PIERRE

Paul et Virginie

130 compositions dont 12 grandes planches hors texte par **Maurice Leloir** entièrement gravées sur bois par Huyot

Un beau volume grand in-8 Cartonnage artistique, or et couleurs. **25** fr. *Net* . . . . **13** fr.

C'est incontestablement un des beaux livres de notre époque que cette magnifique édition illustrée. L'artiste, par son talent si délicat, a su rendre la grâce et les sentiments des personnages touchant ce récit.

GASTON TISSANDIER

Histoire des Ballons et des Aéronautes célèbres de 1783 à 1890

Ouvrage de grand luxe comprenant 29 en-têtes ou commencements de chapitres, 28 lettres ornées, 29 culs de lampe, 21 planches hors texte et 21 planches coloriées. Tous ces sujets sont gravés en photogravure et tirés en taille-douce, formant un ensemble artistique de premier ordre.

2 magnifiques volumes in-8 jésus, brochés Au lieu de 100 fr. *Net* . . . **30** fr.

L'histoire des Ballons est un récit attrayant et parfois émouvant, où les faits les plus intéressants et les anecdotes curieuses abondent. Les illustrations qui accompagnent le texte proviennent toujours de documents originaux, dont la valeur artistique ne manquera pas d'être appréciée par les amateurs.

LONGUS

DAPHNIS ET CHLOË

Compositions de **Raphaël Collin**, 12 planches hors texte, gravées à l'eau-forte par Champollion, 5 en-têtes, 5 culs de lampe et 18 sujets dans le texte; imprimé par Chamerot, sur papier à la forme du Marais, portant le titre de l'ouvrage dans la pâte. Tirage limité à 1.000 exemplaires.

Un beau volume in-8 broché. Au lieu de 100 fr. *Net* . . . . . . **40** fr.

Les 40 compositions de Raphaël Collin sont autant de petits chefs-d'œuvre exécutés dans cette teinte harmonieuse et douce qui convenait admirablement à ce sujet. Champollion, comme aquafortiste, s'est véritablement surpassé dans cette admirable suite.

SCARRON

LE ROMAN COMIQUE

330 compositions dont 30 de page entière, par **Edouard Zier**

Un fort vol. in-8 colomb., imp. sur papier vélin Au lieu de 30 fr. *Net* . . . **12** fr.

L'artiste a admirablement rendu les scènes comiques de cet amusant roman. Cet ouvrage est écrit dans une langue claire, pleine de franchise et d'allure et d'une gaieté irrésistible.

SUITE DE PLANCHES POUR LE ROMAN COMIQUE DE SCARRON

16 planches grand in-8, avec une double suite de gravures avant la lettre par Pater et Dumont le Romain, peintres du roi, accompagnée de notes explicatives par De Montaiglon.

Un volume broché. Au lieu de 80 fr. *Net* . . . . . . **10** fr.

Contes de Grazzini

TRADUITS DE L'ITALIEN, 2 JOLIES GRAVURES A L'EAU-FORTE, PAR HENRI BORNIER.

Ouvrage divisé en 10 nouvelles et 3 soupers et contenant : Silvestre Bisdomini, croyant porter au médecin l'urine de sa femme malade, lui porte celle de sa servante bien portante. Messire Anastagio le vieux, sans raison devient jaloux de sa jeune femme qui, indignée, s'arrange avec son amoureux. Elisabelle des Uberti prend pour mari un jeune homme pauvre, mais vertueux, etc., etc.

Deux volumes in-16, imprimés avec le plus grand soin sur beau papier.

Au lieu de 40 fr., net. . . . . . **7** fr. **50**

CHRISTIAN

Histoire de la Magie, du Monde surnaturel et de la Fatalité

A TRAVERS LES TEMPS ET LES PEUPLES

Un fort volume in-8 broché, orné de figures. Au lieu de 20 fr., net. . . . . **7** fr.

LIVRES DE LUXE A GRAND RABAIS

LA FONTAINE. — Contes et Nouvelles.

Ornés d'estampes de FRAGONARD

Réimpression de l'édition de DIDOT, 1795. Notice par A. de MONTAIGLON

Deux beaux volumes in 4 raisin, en livraisons. Papier vélin, ornés de 100 gravures et vignettes, dont 93 grandes estampes de *Fragonard. Au lieu de 150 fr.*, net . . . . **60** fr.

Le même ouvrage, sur papier de Chine, en livraisons, avec une double suite des gravures en noir et en bistre. Exemplaires numérotés. *Au lieu de 350 fr.*, net . . . . **90** fr.

Chansons de LABORDE

Mises en Musique

Quatre jolis volumes gr. in-8, ornés de 100 planches d'après *Moreau* et *Le Barbier*. Exemplaires numérotés sur papier de Hollande. Texte et musique gravés. *Au lieu de 200 fr.*, net. . **50** fr.

Le même ouvrage, sur papier de Chine ou du Japon. Exemplaires numérotés, contenant une double suite des figures : en noir et en bistre. *Au lieu de 400 fr.*, net . . . . **70** fr.

Réimpression d'un des plus beaux ouvrages du XVIIIe siècle, c'est un des plus agréables par la grâce des sujets et le choix des costumes qui y sont représentés.

CONTES ET NOUVELLES EN VERS

Par Voltaire, Vergier, Grécourt, Piron, Dorat, Saint-Lambert, etc., etc.

2 jolis volumes in-16, papier vergé, ornés de 46 vignettes en taille-douce et de 4 portraits médaillons sur les titres, par *Duplessis-Bertaux*. Les 2 volumes brochés. *Au lieu de 30 fr.*, net **6** fr.

Tirage in-8, sur papier de Hollande ou de Chine. Exemplaires numérotés. *Au lieu de 50 et 70 fr.*, net . . . . **12** fr.

CONTES & NOUVELLES EN VERS

Par LA FONTAINE

Deux volumes in-8, sur papier de Hollande. Exemplaires numérotés, ornés de 77 charmantes vignettes de *Duplessis-Bertaux*, de deux portraits sur les titres et d'un beau portrait de *La Fontaine*. *Au lieu de 60 fr.*, net . . . . **12** fr.

Le Fond du Sac

Recueil de Contes en vers, par NOGARET et autres conteurs

Deux charmants volumes in-16, papier vergé, fleurons et culs-de-lampe, ornés d'un frontispice et de 21 gravures en taille-douce, à mi-page. *Au lieu de 30 fr.*, net. . . . . **6** fr.

Tirage in-8, sur papier de Hollande ou de Chine. Exemplaires numérotés. *Au lieu de 50 et 70 fr.*, net . . . . **12** fr.

La Pucelle d'Orléans

Poème en vingt-et-un chants, par VOLTAIRE

Deux volumes in-16, papier vergé, orné de 21 charmantes figures de *Duplessis Bertaux*, d'un frontispice, de deux portraits sur les titres et d'un beau portrait de *Voltaire*. *Au lieu de 40 fr.*, net **6** fr.

Tirage in-8, sur papier de Hollande ou de Chine. Exemplaires numérotés. *Au lieu de 60 et 80 fr.*, net . . . . **12** fr.

Poésies de François SARASIN

Augmentées de documents nouveaux et de pièces inédites publiées avec notice et notes p. Octave UZANNE

Un volume in-8, papier de Hollande, orné d'un portrait d'après *Robert de Nanteuil* et d'un frontispice de *Monziès*. *Au lieu de 10 fr.*, net . . . . **5** fr.

Le même, sur papier de Chine. *Au lieu de 20 fr.*, net. . . . . **7** fr. **50**

Poésies de M. de MONTREUIL

Augmentées de pièces inédites, publiées avec préface et notes par Octave UZANNE

Un volume in-8, papier de Hollande, orné d'un portait de l'auteur et d'un frontispice, par *Lalauze*. *Au lieu de 10 fr.*, net . . . . **5** fr.

LIVRES DE LUXE A GRAND RABAIS

ŒUVRES DE LAMARTINE

Méditations poétiques. — Harmonies poétiques. — Recueillements poétiques. — Jocelyn. — Chute d'un ange. — Poèmes et Poésies divers. — Graziella. — Raphaël. — Le Tailleur de pierres de Saint-Point.

Édition de très grand luxe, *Hachette et Furne*, format in-8, imprimée en caractères elzéviriens, avec lettrines ornées, têtes de chapitres et culs-de-lampe, encadrements et titres en rouge. 9 beaux volumes. Texte encadré d'un filet rouge.

Papier de Chine. Au lieu de 360 fr. Net . . . . **150** fr.
Papier whatman. Au lieu de 450 fr. Net . . . . **175** fr.

Exemplaires numérotés, tirés à quelques exemplaires.

Alfred DE MUSSET. **Théâtre**, 4 volumes, in-8 imprimés avec luxe sur papier de Hollande. (Librairie des Bibliophiles). Illustrés de 16 dessins de Delort gravés à l'eau-forte par Boilvin. Au lieu de 120 fr. Net **45** fr.

Emile ZOLA. Une page d'amour. 10 dessins de DANTAN et un portrait gravé par Duvivier. 2 vol. in-8, papier de Hollande (Librairie des Bibliophiles). Au lieu de 55 fr. Net. . . . . **24** fr.

PETITE COLLECTION ANTIQUE

Ouvrages de luxe. Chaque vol. format in-32, riche rel. d'amateur. Au lieu de 15 fr., net **6 50**
Anacréon et **Sapho**. En-têtes à l'aquarelle par Paul AVRIL, encadrement vert pré . . . . . 1 vol.
PROPERCE. **Les Élégies**. En-têtes genre bas-reliefs florentins, encadrement carmin . . . . . 1 vol.
APOLLONIUS DE RHODES. **Jason et Médée**. En-têtes genre bise, de Sèvres, encadrement bleu faïence. 1 vol.
HORACE. **Odes** et **Epodes**. En-têtes en 4 tons, genre pompéien, encadrement bleu foncé. . . . 1 vol.

Léon **MAILLARD**

LE PARISIEN DE PARIS

Journal hebdomadaire illustré, années 1897-1898. 2 forts v. br., gr. in-4, édit. de luxe. Chaq. v. se vend 9 fr. net au lieu de 30 fr.

Ce recueil contient des articles du plus haut intérêt sur la mode, les objets de luxe, l'élégance Parisienne, l'histoire anecdotique et curieuse des différents quartiers de Paris, les monuments, les statues, les légendes, le résumé de tous les divertissements et amusements parisiens, chroniques sur les théâtres, sur les beaux-arts, etc., etc. Les superbes illustrations de Boutet, Coindre, Stein, Frau, Courty, Duval, Cournesson, donnent à cette publication une valeur artistique de premier ordre.

GUSTAVE DORÉ

Histoire des Croisades, par MICHAUD, magnifique publication illustrée de 100 grandes compositions de Gustave DORÉ, 2 beaux volumes in-folio, papier vélin de Hollande, numérotés à la presse, avec gravures sur Chine, cartonnage artistique. Au lieu de 400 fr., net **95** fr.

Il nous reste très peu d'exemplaires de cette édition, qui a été tirée seulement à 112 exemplaires.

Le même ouvrage, édition ordinaire, cartonnage artistique. Au lieu de 170 fr., net : **75** fr.

ARIOSTE

ROLAND FURIEUX

Nouvelle édition, traduction française de DU PAYS.

Un magnifique volume contenant 80 grandes compositions et 550 gravures d'après les dessins de G. DORÉ. In-folio richement cartonné, plaque spéciale, tranches dorées. Au lieu de 60 fr., net : **35** fr.

FAUST de GŒTHE

Traduction française de J. PORCHAT, revue par LEVY

Splendide volume in-folio cartonné, plaque spéciale, tranches dorées.

Ouvrage illustré de 23 gravures sur acier et 50 gravures sur bois d'après les dessins de L. MAYER, et enrichi d'ornements, têtes de page et culs-de-lampe, par R. STEITZ, avec titres et encadrements imprimés en rouge. (Hachette). Au lieu de 100 fr., net. . . . . **35** fr.

LE BULLETIN DES BEAUX-ARTS

Répertoire des Artistes français, peintres, dessinateurs, graveurs. Splendide publication reproduisant les chefs-d'œuvre de nos grands maîtres des XVIe, XVIIe et XVIIIe siècles, dessins, eaux-fortes, portraits et biographies, gravures en noir et en couleurs. 3 volumes in-8, brochés. Au lieu de 90 fr., net. . . **15** fr.

BRILLAT-SAVARIN. Physiologie du goût, précédée d'une notice par Alphonse Karr. 1 fort volume in-8. Riche reliure d'amateur. Au lieu de 20 fr., net. . . . . **11** fr.
Le même, broché. Au lieu de 15 fr., net. **7 50**
Édition illustrée par Bertall de plus de 200 gravures sur bois et de 7 gravures hors texte tirées sur papier de Chine.

RACINE. **Théâtre**. Édition avec notes, revue sur les textes les plus authentiques par P. Albert. Ornée d'un portrait de l'auteur d'après Largillière, 2 splendides volumes in-8, reliure riche avec emboîtage. Au lieu de 25, net . . . . **10** fr.

RACINE. **Œuvres complètes**. Notices par A. France. 5 vols. in-18, brochés, papier de fil. Édition Lemerre. Au lieu de 25 fr., net . . . . **15** fr.

DUCIS. **Lettres**. Édition nouvelle contenant un grand nombre de lettres inédites, précédée d'un essai sur Ducis, par Paul Albert. 1 beau volume in-8, très bien imprimé. Au lieu de 7 fr. 50, net. . . . **0 90**

LIVRES DE LUXE A GRAND RABAIS

LES AFFICHES ÉTRANGÈRES ILLUSTRÉES

Par *Bauwens, T. Hayashi, La Forgue, Meier-Graefe, J. Pennell.*

Ouvrage orné de 62 lithographies en couleurs et de 150 reproductions en noir et en couleurs d'après les affiches originales des meilleurs artistes. — Un fort volume gr. in-8, broché, couverture illustrée. Net 54 fr.

Par suite d'affaires spéciales nous pouvons encore fournir à notre clientèle cet ouvrage au prix de souscription qui a depuis été porté à 75 francs.

Mis DE DANGEAU

JOURNAL DE 1684 A 1720

Publié en entier, pour la première fois, par T. Soulié, L. Dussieux et de Chennevières. — Avec les additions inédites de St-Simon, publiées par Feuillet de Conches.
19 vol. in-8 brochés. Au lieu de 114 fr. Net . . . . 45 fr.

Tous les esprits sérieux s'accordent aujourd'hui à regarder le Journal de Dangeau *comme une source précieuse de renseignements les plus variés sur la seconde moitié du règne de Louis XIV : Administration, finances, armées, marine, opérations militaires, diplomatie, mœurs, costumes, chasse, jeux, tout y est décrit, simplement, avec sécheresse, mais aussi sans passion, sans parti pris, avec la plus grande exactitude, et la plus scrupuleuse probité. Il n'y a rien dans ce journal qui soit personnel, qui sente la vanité : il n'y a nulle médisance, encore moins aucune calomnie : c'est toujours, a-t-on dit de Dangeau, un honnête homme qui parle et qui raconte.*

FOURNEL (V.). **Mon Vieux Paris. Fêtes, Jeux et Spectacles**, contenant les fêtes et jeux publics, les foires, les boulevards, opérateurs, charlatans, arracheurs de dents, escamoteurs, ventriloques, tireurs de cartes, marionnettes, ombres chinoises, acrobates, nains et géants, animaux savants et curieux, cirques, courses, bêtes fauves et dompteurs, aérostats, 1 vol. petit in-4 orné de 165 gravures et planches. Relié richement, plaque spéciale, tranches dorées. Au lieu de 20 fr. . . . . net 11 fr. »
En reliure d'amateur. . . . . net 13 fr. »

FOURNEL. **Les Artistes français contemporains. Peintres, Sculpteurs.** 1 vol. in-4, illustré de 15 gravures à l'eau-forte et de 176 gravures sur bois. Relié richement, plaque spéciale, tranches dorées.
Au lieu de 20 fr. . . . . net 11 fr. »

LEVALLOIS (Jules). **Les Maîtres italiens en Italie.** Superbe ouvrage, illustré de 92 gravures 1 vol. in-4, relié richement, plaque spéciale, tranches dorées. Au lieu de 20 fr. . . . . net 11 fr. »
En reliure d'amateur . . . . net 13 fr. »

GARNIER (Edouard). **La Verrerie et l'Émaillerie.** Splendide vol. illustré, 4 chromolithographies et quantité de gravures et dessins. 1 vol. in-4, relié richement, plaque spéciale, tranches dorées.
Au lieu de 20 fr. . . . . net 11 fr. »
En reliure d'amateur . . . . net 13 fr. »

OUVRAGES ILLUSTRÉS

LES BAISERS de DORAT. Précédés du MOIS DE MAI

Réimpression textuelle de l'édition originale de 1770. — Un vol. in-8 broché, orné de 47 charmantes figures d'EISEN. — Au lieu de 40 fr. . . . . net 25 fr. »

LONGUS

DAPHNIS et CHLOE

Traduction d'Amyot, revue par P.-L. Courier.

Nouvelle édition ornée du portrait d'Amyot, de la suite des 9 gravures de Prudhon et de Gerard et des jolies vignettes et culs-de-lampe, de l'édition dite du Régent, gravés par Fokke.
Un volume in-8. Papier vélin. Au lieu de 30 fr. . . . . net 15 fr.

JULLIEN

HISTOIRE DU COSTUME AU THÉATRE

Depuis les origines du théâtre en France jusqu'à nos jours. — Un splendide volume gr. in-8. Relié. Orné de 27 gravures et dessins originaux dont plusieurs reproduits en couleurs d'après les originaux.
Au lieu de 30 fr. . . . . net 9 fr.

HONORÉ DAUMIER

L'Homme et l'Œuvre

Par Arsène Alexandre

Magnifique volume grand in-8°, orné d'un portrait à l'eau-forte, de deux héliogravures et de 47 illustrations, reproductions des principales caricatures du maître.
Quelques exemplaires seulement.
Reliure d'amateur, tête dorée, au lieu de 32 fr. . . . . net 14 fr. 50

HIPPOLYTE BELLANGÉ & SON ŒUVRE

Par Jules ADELINE, avec eaux-fortes, gravures et fac-similés.
Un volume in-8°. Reliure d'amateur. Au lieu de 25 fr. . . . . net 12 francs

LIVRES DE LUXE A GRAND RABAIS

ANDRÉ THEURIET. **Nos Oiseaux.** 110 compositions de Giacomelli. Edition de grand luxe. 20 aquarelles de Giacomelli. Magnifique volume in-4° jésus, imprimé sur beau papier vélin

Broché ou en carton. Au lieu de 300 francs . . . . net **180** fr.
Demi-reliure maroquin, coins, tête dorée, non rogné . . . . net **240** fr.
Riche reliure en maroquin plein . . . . net **330** fr.

COLLECTION LAHURE

Le Conte de l'Archer, par Armand Silvestre, aquarelles dans le texte et hors texte, de Poirson. 1 vol. — **Voyage de Paris à Saint-Cloud par Mer et Retour par Terre,** aquarelles dans le texte et hors texte, par Jeanniot. 1 vol. — **Contes chinois. La Matrone du pays de Soung. Les Deux Jumelles,** aquarelles de Poirson. 1 vol. — 3 volumes de luxe, ornés de 80 aquarelles, format in-8, tirés à petit nombre sur vélin teinté. Riche reliure d'amateur et réunis dans une gaine.
Au lieu de 100 fr., net . . . . **25** fr. — Les mêmes, brochés. . . **14** fr. **50**

Nous vendons séparément : Voyage de Paris à St-Cloud, 1 vol. Contes chinois, 1 vol. Chaque volume broché. Net. . . . . **3** fr. **75**

ALFRED DE MUSSET. **Nouvelles.** Edition illustrée d'un portrait d'Alfred de Musset, gravé par Burney ; cinq grandes compositions de François Flameng, gravées à l'eau-forte par Mordant ; dix vignettes, en-têtes et culs-de-lampe, par Cartazzo et gravées par Lucas. Un volume in-8, papier vélin, broché. Au lieu de 50 francs. . . . . net **37** fr. **50**

BOILEAUX-DESPRÉAUX. **Œuvres Poétiques.** Avec une introduction et des notes, par F. Brunetière. Un superbe volume in-4, illustré de 27 eaux-fortes, d'après Mme Madeleine Lemaire, MM. Bida, Bonnat, Cabanel, Chapu, Delort, Fr. Flameng, Français, Gérôme, J.-P. Laurens, Le Blant, L.-O. Merson, Vibert. Broché. Au lieu de 125 francs . . . . net **93** fr.

S. BLONDEL. **Le Tabac.** Le Livre des Fumeurs et des Priseurs. Un splendide volume in 8. Riche reliure d'amateur. Orné de 113 illustrations de Fraipont dont 16 hors texte en couleur. Au lieu de 25 fr. Net . . . . **10** fr.

LES VIEILLES RANCUNES PAR GEORGES OHNET

Un fort volume in-8 broché. Illustré de 80 dessins de Simonaire. Au lieu de 10 fr. Net **2** fr. **25**

COLLECTION HURTREL. *Superbes Planches et Gravures.*

Chaque volume format in-16, contient 1 frontispice à l'eau-forte.

Le Premier Grenadier de France (*La Tour d'Auvergne*), par Paul Déroulède ravissant volume, gravures dans le texte et superbes planches hors texte, par Detaille, Ferdinandus, etc., etc. 1 volume, relié richement. Au lieu de 30 fr. Net . . . . **6** fr. **50**

Sur papier de Hollande Chine ou Japon, exemplaires brochés avec emboitage artistique. Au lieu de 50 et 60 fr. Net. . . . . . **8** fr. **75**

La grande Diablerie. par E. d'Amerval. Charmant volume illustré de gravures en couleurs et eaux-fortes d'Avril. 1 vol. relié. Au lieu de 30 fr. Net . . . . **6** fr. **50**

Exemplaires sur papier de Hollande, avec emboitage. Au lieu de 50 fr. Net . . . **8** fr. **75**

Les Amours de Catherine de Bourbon sœur du Roi, et du Comte de Soissons par Mme Alice Hurtrel. Joli volume illustré par Lalauze, G. Hurtrel. Belle reliure d'amateur. Au lieu de 30 fr. Net. . . . . **6** fr **50**

Madame Roland, *sa détention à Sainte-Pélagie* (1793). Très beau volume illustré par Poirson, quantité de dessins dans le texte et hors texte. 1 vol. Jolie reliure Au lieu de 30 fr. Net **6** fr. **50**

Le même broché, avec emboitage. Net **3** fr. **75**

Sur papier de Hollande, Chine ou Japon, exemplaires brochés, avec emboitage. Au lieu de 50 et 60 fr. Net . . . . **8** fr. **75**

Aventures romanesques d'un comte d'Artois, d'après un manuscrit de la Bibliothèque Nationale ouvrage orné de nombreux dessins et chromolithographies. 1 vol. reliure d'amateur. Au lieu de 30 fr. Net . . . . . . **6** fr. **50**

Sur papier de Chine. Au lieu de 60 fr. Net **8** fr. **75**

La collection des 5 volumes, brochés, avec emboitage, papier vélin. Ces 5 volumes sont renfermés dans une gaine. Au lieu de 125 fr. Net . . . . **25** fr.

Curiosités Bibliographiques

UN LIVRE PERDU ET RETROUVÉ

LE JEU DE L'AVENTURE DES DEVIS FACÉTIEUX DES HOMMES ET DES FEMMES

Amusant livre de quatrains destinés, par élection des feuillets, à amuser une société, quatrains en vers, quelquefois légers, dont voici quelques titres : le *Gaudisseur*, la *Plus Foulée*, le *Gressier*, la *Délibérée*, le *Hasardeur*, la *Trop Joyeuse*, le *Doux Jouteur*, etc.

Réimpression textuelle d'un petit ouvrage rare, classé dans la catégorie des livres perdus, imprimé pour la première fois par Denis Janot, en 1543 et réimprimé à Dijon, par Darantière.

Format in-32 oblong. — Tiré seulement à 75 exemplaires, net . . . . **1** fr. **75**

LIVRET DE VERS ANCIENS

PAR JACQUES MADELEINE.

Paris, 1638, in-18 broché. — Frontispice. — Réimpression faite par Quantin
Sur papier de Hollande, net . . . . **1** fr. **50**

Amusant recueil de poésies légères, telles que : le *Prélude*, le *Voyage galant*, les *Fatalités d'amour*. *Réflexions amoureuses*, etc.

L'ŒUVRE DE FRANÇOIS BOUCHER

D'après les Dessins originaux

Album de 100 planches *Au lieu de 100 fr.*, net . . . . 40 fr.

L'Œuvre de Antoine WATTEAU

D'après les Dessins originaux

Album de 100 planches. *Au lieu de 100 fr.*, net . . . . 40 fr.

Nous ne possédons que quelques exemplaires de ces albums, qui seront vendus très rapidement, toutes les personnes que la décoration intéresse trouveront des documents précieux dans l'œuvre de ces maîtres.

L'ŒUVRE DE PRUD'HON

D'APRÈS

Les Dessins originaux

Reproduction des plus belles compositions du maître. 50 pl., in-4 (27×36), en portefeuilles. *Au lieu de 100 fr.*, net. . . . . 35 fr.

25 Dessins en Couleurs de François BOUCHER

Très belles épreuves avant lettre

Magnifique album in-folio . . . . *Au lieu de 150 fr.*, net 30 fr.
— — — exemplaire sur Chine . . . . — 250 — — 50 »

LE GRAND BOUCHER

8 pièces en couleurs

Les trois grâces. La poésie épique. Poésie lyrique. L'Histoire. L'Astronomie. Les Portraits de Mesdames Boucher et Baudoin. L'éventail du Docteur Piogé.

Ces superbes épreuves réunies en carton portefeuille, format in-folio. *Au lieu de 200 fr.*, net 40 fr.

LE SALON

DE

M. LE Cte DE LA BÉRAUDIÈRE

Cet album spécialement consacré à la décoration se compose de 34 aquarelles en couleurs. *La Toilette de Vénus*, avec son cadre, *deux attributs, trois écrans, un canapé et vingt-quatre motifs pour fauteuils*, d'après les peintures de FRANÇOIS BOUCHER.

Cet ouvrage, très bien exécuté, est indispensable à tous ceux qui s'occupent de la décoration des appartements, en donnant un aperçu du goût délicat apporté dans un ameublement du XVIIIe siècle. Ces planches sont la reproduction exacte du salon de M. le comte de la Béraudière, qui a été vendu 650.000 francs à une famille américaine.

Magnifique ouvrage en carton, tiré à petit nombre.
Au lieu de 250 fr., net . . . . 40 fr.

DORVILLE. La Grande Armée. Légendes, Contes et Récits militaires, adaptés de "*La Légende de l'Aigle*" de Georges d'Esparbès et mis en musique par P. Porthmann. 1 volume in-4, broché, couverture et dessins de Tiret-Bognet. *Au lieu de 6 fr.*, net . . . 2 fr. 25

OHÉ LES MŒURS. Chansons satiriques par H. Semiane, mises en musique par Paul Hucks.

Un bel album in-4, broché, orné de 12 lithographies de Willette. *Au lieu de 8 fr.*, net . 2 fr. 25

Contenant : Hohé les mœurs — Il arrive — J'aurais jamais cru ça d'ma sœur — Mon gosse — Comme la Lune — Mironton, Mirontaine — La boutique à 4 sous — C'est mon ami — Jeune fille — Maison de santé.

CHANTS DU SOLDAT FRANÇAIS. *Chansons de route* pour les fantassins et les cavaliers. Un album in-8 oblong, broché, contenant 100 chansons avec la musique. *Au lieu de 6 fr.*, net 2 fr. 75

L'ARMÉE FRANÇAISE. *Types et costumes actuels*. 50 magnifiques planches en chromo, fac-simile d'aquarelles, format 40×30. *Au lieu de 70 fr.*, net . . . . 20 fr.

L'ARMÉE RUSSE. *Costumes actuels*. Marin, hussard, infanterie, tirailleur, garde à cheval, etc 8 superbes planches, fac-similés d'aquarelles, format 28×35. *Au lieu de 30 fr.*, net 12 fr.

ARMÉES ÉTRANGÈRES. Armées Anglaise, Italienne, Allemande, Autrichienne. 28 planches d'après nature, fac similés d'aquarelles, format 40×30. *Au lieu de 45 fr.*, net 12 fr. 50

ENCYCLOPÉDIE CHIMIQUE

Publiée sous la direction de M. FRÉMY

Tous les volumes annoncés sont brochés

Tome II. Métalloïdes

1re Section. — Nomenclature. — Equivalents. — Atomes — Oxygène. — Azote. — Air. — Eau. — Composés oxygénés de l'Azote. — Ammoniaque. — Brome — Iode. — Fluor, par Frémy, Bourgoin, Gaudin, Lemoine, Joly et Urbain. 1 vol. 30 fr., net 18 fr.

3e Section. 2e partie Diamant, par Boutan 1 vol. 22 fr 50, net 13 fr. 50

3e Section. 2e cahier. Météorites par S Meunier, 1 vol. avec fig. 25 fr., net 15 fr.

Tome III. Métaux

Sodium, Cæsium et Rubidium, par Rousseau et de Forcrand. 1 vol. 12 fr. 50. net 7 fr 50

Lithium et Ammonium, par Villiers et de Forcrand. 1 vol. 10 fr., net 6 fr.

Calcium, Baryum Strontium, Magnesium et Aluminium, par Nivoit et Margottet, 1 vol. 13 fr., net 7 fr. 80

Nobium, Tantale et Tungstène, par Joly. 1 vol. 10 fr., net 6 fr.

Fer et Chrome par Joannis et Moissan 1 vol. 20 fr., net 12 fr.

Cobalt et Nickel, p Meunier, 1 v. 12 f. 50 net 7 fr 50

Bismuth et ses composés, par Godefroy. 1 vol. 6 fr. 25, net 3 fr 75

Plomb et ses composés, par Parmentier. 1 vol 6 fr. 25, net 3 fr 75

Argent Etude théorique, par de Forcrand, 1 vol. 20 fr., net 12 fr.

— Applications, par de Forcrand, 1 vol. 7 fr 50, net 4 fr. 50

Tome V. Applications de Chimie inorganique.

1re Section. 2e partie. Aluns, Sulfates d'Alumine-Chlorates, par Pommier et Péchinen. 1 vol. 7 fr. 50, net 4 fr. 50

2e Section. Eclairage électrique, par Violle. 9 fr., net 5 fr. 40

Généralités sur la métallurgie et cuivre, par Gruner et Roswag. 1 vol. 22 fr. 50, net 13 fr. 50

Aciers, par Bresson. 1 vol. 8 fr. 75, net 5 fr. 25

Désargentation des minerais de plomb, par Roswag. 1 vol. 25 fr., net 15 fr.

Nickel et Cobalt, par Villon. 1 vol 5 fr., net 3 fr.

Tome VI. Chimie organique

Généralités. Carbures d'hydrogène, par Villiers et Bourgoin. 1 vol. 40 fr net 24 fr

Alcools et Phénols, par Prunier. 1 vol. 50 fr., net 30 fr.

Tome VII.

1re Section. Aldéhydes et Acétones. 1 vol. 25 fr., net 15 fr.

Camphres. Aldéhydes à fonctions mixtes. Quinons. 20 fr., net 12 fr.

Ethers, par Leidié. 1 vol. 37 fr. 50. net 22 fr. 50

Acides gras, par Bourgoin et Riban. 1 vol. 22 fr. 50, net 13 fr. 50

Acides à fonction simple et fonction mixte. 1 vol. 40 fr., net 24 fr.

Acides à fonction complexe 1re partie. 1 vol. 25 fr., net 15 fr.

Tome VIII.

6e Fascicule. 1re Section. Alcalis organiques artificiels, par Bourgoin: 1re partie. Série grasse. 1 vol. 12 fr. 50, net 7 fr. 50

7e Fascicule. Amides, Matières Albuminoïdes, etc. par Chastaing. 1re partie : Série grasse. 1 vol. 35 fr., net 21 fr.

— 2e partie. Série Aromatique. 25 fr., net 15 fr.

8e Fascicule. Radicaux organo métalliques, par Chastaing. 1 vol. 25 fr, net 15 fr.

Isomérie de position, par Colson. 1 vol. 3 fr 75 net 2 fr. 25

Tome IX. Chimie physiologique

Structure de la plante, par Frémy. 1 vol. 9 fr., net 5 fr. 40

Chimie des liquides et des tissus de l'organisme, par Garnier, Lambling et Schlagdenhauffen. 3 vol. 47 fr. 50, net 28 fr. 50

Tome X. Applications de Chimie organique.

Nutrition de la plante, par Déhérain. 1 vol. 7 fr. 50, net 4 fr. 50

Fabrication du papier. 1 v. 17 fr. 50. net 10 fr. 50

Fabrication du sucre vol. 15 fr., net 9 fr.

Le Bois. 1 vol. 17 fr. 50, net 10 fr. 50

Substances textiles. 1 vol. 22 fr. 50, net 13 fr. 50

Matière colorantes. Série aromatique et ses applications industrielles, par Girard et Pabst. 1er fascicule. 1 vol. 30 fr., net 18 fr.

Teinture et apprêts des tissus de coton, par Lefèvre. 1 vol. 10 fr., net 6 fr.

Table alphab. des mat. de l'Encyclopédie chimique. par Chastaing. 1 vol. 15 fr., net 9 fr.

AFFAIRE SPÉCIALE

Jumelle militaire perfectionnée à grande portée

Avec étui et courroie : *Net*. . . . . 23 fr.

JUMELLE DE TOURISTE

Portée 16 kilomètres. — Huit verres

Au lieu de **30 fr.** *Net*. . . . . **16 fr.**

Cette jumelle est en maroquin noir, elle est montée avec huit verres achromatiques de premier choix. Nous la donnons avec un étui chagrin noir, muni d'un cordon et d'une courroie, permettant de la porter en bandoulière.

JUMELLE DE THÉATRE

Très jolie jumelle de poche en nacre.

Au lieu de **30 fr.** *Net* . . . . **7 fr. 25**

SOLDE

Album-Portefeuille renfermant les sujets les plus intéressants du MUSÉE DE VERSAILLES

Toutes ces planches, finement gravées sur acier, sont réunies en albums, titre en or, format 36×39. Chaque album, au lieu de 20 et 25 fr., net 3 fr. 95

BATAILLES ET COMBATS

De Clovis à Charles VI, 32 planches.
Philippe le Bel à Charles VIII, 26 planches.
Règnes de Louis XII à Louis XIII, 41 planches.
Règne de Louis XIV, 38 planches.
Règnes de Louis XV et Louis XVI, 29 planches.
Campagnes de la République, 1792-1793, 28 planch.
— 1795, 24 planches.
Campagnes d'Espagne et d'Autriche, 1808-1810, 33 planches.
Règnes de Louis XVIII et Charles X, 1814-1828, 16 planches.
Règne de Louis-Philippe, 1830-1840, 34 planches.
Combats maritimes, de 1325 à 1694, 35 planches.
— — de 1696 à 1800, 34 —
— — de 1801 à 1845, 34 —

PRINCIPAUX FAITS

De 1672 à 1684, 35 planches.
De 1685 à 1712, 34 —
De 1719 à 1789, 35 —
De 1795 à 1796, 35 —
De 1800 à 1803, 31 —
De 1804 à 1805, 35 —
De 1806 à 1807, 30 —
De 1812 à 1823, 32 —
Album de 20 batailles, de 1201 à 1845.
Châteaux et Résidences princières, 21 planches.
Intérieurs du château de Versailles, 27 planches.
Les 12 mois de l'année, album de 12 planches.
Plafonds et dessus de portes du château, 13 pl.
Souvenirs d'une promenade à Versailles, principales vues, 31 planches. Album broché.

ARMOIRIES DE LA SALLE DES CROISADES

Splendide album comprenant près de 690 blasons, reproduits en or, argent et couleurs, 28 planches réunies en carton-portefeuille. Au lieu de 36 fr., net 15 fr.

PERSONNAGES ILLUSTRES

Portraits en pied ou en buste

Rois de France, 511 à 1316, 36 planches.
— 1322 à 1830, 34 —
Rois, Princes et Nobles, 511 à 1467, 30 planches.
— — — 1472 à 1638, 31 —
— — — 1639 à 1842, 30 —
Reines, Princesses et Femmes nobles, 1749-1829, 28 planches.
Connétables, 1061 à 1621, 23 planches.
Cardinaux et Evêques, 512 à 1618, 25 planches.
— — 1622 à 1839, 22 —
Hommes d'Etat, 1191 à 1680, 31 planches.
— — 1685 à 1840, 31 —
Amiraux, 33 planches.
Femmes illustres, 1639 à 1681, 27 planches.
Généraux et Hommes de guerre, 1097 à 1596, 28 pl.
— — 1613 à 1800, 28 pl.
— — 1804 à 1841, 26 pl.
Hommes illustres, 1191 à 1586, 25 planches.
— — 1321 à 1642, 25 —
— — 1589 à 1830, 20 —
— — 1650 à 1701, 26 —
— — 1732 à 1841, 23 —
Maréchaux, 1191 à 1592, 37 planches.
— 1594 à 1675, 40 —
— 1658 à 1702, 39 —
— 1730 à 1791, 38 —
— 1783 à 1804, 32 —
— 1804 à 1843, 33 —
Peintres, Sculpteurs et Artistes célèbres, 1520-1627, 19 planches.
Peintres, Sculpteurs et Artistes célèbres, 1700-1840, 22 planches.
Rois, Reines et Princes étrangers, 1058-1603, 26 pl.
Rois, Reines et Hommes célèbres étrangers, 1582-1730, 20 planches.
Rois, Princes et Hommes célèbres étrangers, 1725-1840, 27 planches.
Reines, Princesses et Femmes nobles étrangères, 1382-1840, 32 planches.

Salle de Constantine

15 tableaux d'Horace VERNET

Format grand in-folio. Net. . . . . 5 francs.

Splendides gravures, représentant les plus beaux tableaux du Musée de Versailles

GALERIES DES BATAILLES

496-1807

Album de 33 magnifiques planches, format grand in-folio

Très bel album. Ces planches représentent les principales batailles livrées par les Français. On y remarque notamment les batailles de la République et de l'Empire. Net. . . . . . 7 fr.

CONQUÊTE DE L'ALGÉRIE, 1830-1845

Album de 42 planches, format 31×49, représentant les plus beaux faits d'armes et épisodes de la conquête. Net . . . . 10 fr.

SILHOUETTES ET FANTAISIES PARISIENNES

ÉTUDES ET CROQUIS A L'EAU-FORTE

De ROBERT KISS

72 jolies gravures amusantes à l'eau-forte et pointe sèche, modèles ou types de femmes en pied, poses variées, plus un titre gravé à part. — Format 0,30×0,20.

Chaque Album, gravures tirées en couleurs sépia Au lieu de 7 fr. 50 Net **4 fr. 50**

Les mêmes, albums, eaux-fortes rehaussées à l'aquarelle. Chaq. album. Au lieu de 12 fr. Net 7 fr. 50

Le premier album contient :

Le Frontispice.	La Chemise.
Vive la Bécane.	Contemplation.
Vive la Bicyclette.	Le Réveil.
Lassitude.	Clowness (au baiser).
La Toilette.	— (à l'éventail).
Danseuse (au pagne).	Au Bal de l'Opéra.
— (en jupe).	

Le même en couleurs.

Le deuxième album contient :

Le Frontispice.	Au Bal Bullier.
A l'Olympia.	La Jarretelle.
L'Été.	La Pluie.
L'Hiver.	Le Vent.
Le Coucher.	Aux Folies-Bergère.
Arlequin.	Honteuse.
Arlequine.	

Le même en couleurs.

Le troisième album contient :

LE FRONTISPICE

Petites Femmes folâtrant sur la Puce.

12 sujets variés.

Le quatrième album contient :

Le Frontispice.	Pierrot.
Danse du ventre.	Pierrette.
Danse orientale.	Coquetterie.
Le Menuet.	Mélancolie.
Une Étoile.	Escrimeuse.
Au Moulin-Rouge.	Acrobate.
Au Palais-de-Glace.	

Le cinquième album contient :

Le Frontispice.	Le Champagne.
Œillades.	Demi-Vierge.
Petits Mollets.	Diablotin.
Naïveté.	Les Pommes.
Provocation.	Les Poires.
Mardi-Gras.	Bal masqué.
Mi-Carême.	

Le même en couleurs.

Le sixième album contient :

LE FRONTISPICE

Types de Femmes dans des poses amusantes au bord de la mer.

12 sujets variés.

Le même en couleurs.

Les premier et deuxième albums réunis, 24 eaux-fortes et un frontispice, en coul. 24 fr. Net 15 fr.
Les mêmes, en noir . . . . 15 fr Net 9 fr.
Album de 12 planches, sujets les plus intéressants extraits des albums ci-dessus. Epreuves en noir . . . . 7 fr. 50 Net 4 fr. 50
Le même. Epreuves en couleurs. . . . . 12 fr. Net 7 fr. 50

Compositions Artistiques et Symboliques

Ces collections sont tirées sur papier de Hollande, format in-4, et renfermées dans une couverture illustrée d'une eau-forte symbolique.

Chaque collection, au lieu de 20 francs . . . . net **8** francs.

RÊVERIES FANTASTIQUES

Collection de 12 gravures à l'eau-forte, par APOUX. — L'Araignée, l'Absinthe, le Vin, la Foudre, le Papillon, le Punch, la Neige, les Giboulées, le Moulin galant, le Vampire, le Baiser, le Tourbillon.

VIERGES SAGES ET VIERGES FOLLES

12 jolies planches à l'eau-forte, par APOUX. Prima Virgo Mori me cogis. La Chasteté. La Révélation. L'Ivresse. La Flagellation. Good evening. L'idée fixe. To be or not to be. Chimère. Fin de siècle Excelsior.

FOLATRERIES ARTISTIQUES

12 jolies eaux-fortes et pointes sèches, par APOUX, LEBEGUE, DE STA. — Fleur du mal. Impressionisme. Les Masques et la Vérité. Le miroir. Le Papillon. La Jardinière. Je n'y suis pas du tout. Arlequine Ça mord. Les Anges. La patineuse. Odalisque,

FANTAISIES ARTISTIQUES

12 eaux-fortes, par SOMM, DE STA. APOUX. LEBEGUE, F. FAU, etc. — Le Moulin rouge. Une journée au château. L'homme et sa chimère. Fœmina. Une farandole militaire. Un bal sous le premier Empire. Le baiser du Porion. Le joujou. La folie gardant la chimère. Lima et Stellæ. Un trio célèbre. Le départ pour Cythère.

NOUVELLES FANTAISIES ARTISTIQUES

Suite de 12 planc. à l'eau-forte, vernis mou et héliogravure, par LÉONNEC, APOUX, LEBEGUE, NOURY, ULM,

L'Adieu du Marin. La Dénicheuse d'amours. Confidences. La Marchande de Chats. La Dresseuse de petits cochons. Femme mystique. Un Rêve. Minette. jeune Femme devant son chat. La Pieuvre. En Australie. Appel de la faunesse. L'Organe du diable.

SOLDES

DE MAILHOL

DICTIONNAIRE HISTORIQUE ET HÉRALDIQUE

DE LA

Noblesse Française

RÉDIGÉ DANS L'ORDRE PATRONYMIQUE

D'après les archives des anciens parlements, les manuscrits de d'Hozier et les travaux des auteurs

CONTENANT

La Notice des familles nobles existant actuellement en France, avec le dessin et la description de leurs armes.

Environ 12.000 notices, 1.400 gravures, 2.111 pages de texte imprimé sur beau papier vélin (1895-1896).

3 vol. gr. in-8. Au lieu de 120 fr., net. . . . **20** *fr.*

Les documents concernant la Noblesse sont, dans leur ensemble, peu connus du public qui souvent, soit à l'occasion d'alliances à contracter, soit pour tout autre motif, aurait intérêt à connaître l'origine de certaines personnes qui se réclament du passé.

D'un autre côté, les familles nobles en traversant les âges, ont multiplié leurs branches à un tel point qu'il est parfois difficile de les distinguer entre elles.

Cet ouvrage est destiné à fixer l'**état complet** de la Noblesse française au dix-neuvième siècle.

On aurait tort de croire que, parce que nous vivons actuellement sous un régime démocratique, les titres de noblesse n'ont plus aucune valeur. C'est une erreur. Le présent ne saurait effacer le passé dans ce qu'il a de plus glorieux et de plus brillant.

La Noblesse française a donc intérêt à ne pas laisser perdre le prestige dont elle a toujours été entourée.

Les ouvrages précédemment publiés, fort nombreux, d'un prix très élevé, et souvent incomplets, ne mentionnent généralement que les familles de noblesse très ancienne ou celles ayant exercé quelques grandes charges dans l'Etat ; mais ils ne s'occupent pas de celles à qui leur modeste blason n'a donné qu'une notoriété restreinte.

Ce Dictionnaire restera le **vrai livre d'or** de la Noblesse française. Grâce à lui, on aura sous la main tous les renseignements que l'on pourra désirer sur les personnes pourvues d'un titre de noblesse, et on s'évitera ainsi des recherches toujours très longues et parfois fort laborieuses.

DICTIONNAIRE

DE LA

NOBLESSE

PAR

LA CHENAYE-DESBOIS et BADIER

Contenant les généalogies, l'Histoire et la Chronologie des familles nobles de France, l'explication de leurs armes et l'état des grandes terres du royaume, possédées à titre de Principautés, Duchés, Marquisats, Comtés, Vicomtés, Baronnies, etc., par création, héritages, alliances, donations, substitutions, etc.

Édition refondue et réimprimée conformément au texte des auteurs.

19 tomes en 39 volumes in-4 brochés. Au lieu de **475 fr.** *Net.* . . **175 fr.**

CONFÉRENCES FAITES aux MATINÉES CLASSIQUES du THÉATRE de L'ODÉON

par Larroumet, F. Sarcey, H. de Lapommeraye, F. Brunetière, J. Lemaître, H. Chantavoine, A. Chabrier, Lintilhac, J. Lemaître, Doumic.

Chaque volume in-12 broché. Au lieu de 3 fr. 50, net 3 fr.

Tome I. Shakespeare et le Théâtre français. Le Mariage de Figaro. Molière et la famille. L'Ecole des femmes. Andromaque. Les Erinnyes, le Bourgeois Gentilhomme. Phèdre, Georges. Dandin. l'Orestie, le Cid. les Plaideurs.

Tome II. Le Mariage de Figaro. Théodore, vierge et martyr. Mithridate, Shyloch ou le marchand de Venise. Le Misanthrope, Le Légataire universel, Egmont, Tartufe.

Tome III. L'Ecole des femmes. Shylock où le marchand de Venise. Rodogune. Le Misanthrope. Le philosophe. Le philosophe sans le savoir. Tartufe. Le Barbier de Séville.

Tome IV. Polyeucte. Athalie. Don Juan, Les femmes savantes. Alceste d'Euripide, Horace, Shakespeare.

Tome V. Le Cid. L'Avare. Horace. Cinna. Polyeucte. Les femmes sçavantes, Nicomède, Le Malade imaginaire. Les Contents. Louis XI. de Casimir Delavigne. Mélicerte de Molière.

Tome VI. Andromaque, Le Joueur, Britannicus, Le Distrait, Phèdre. Le Légataire universel, Athalie, Le Glorieux, Le Cid, Le Misanthrope.

Tome VII. Le théâtre de Voltaire, de Lesage, de Crébillon, de Diderot La Métromanie de Piron. Le Méchant de Gresset. Le Philosophe sans le savoir de Sedaine. Le Mariage de Figaro de Beaumarchais.

Tome VIII. Le bon ménage (Florian). Le Philinte de Molière (Fabre d'Eglantine) Charles IX (Chénier). Le More de Venise (A. de Vigny), La Petite ville (Picard). Marino Faliero et Louis XI. (Casimir Delavigne), Les Etourdis (Andrieux), Les deux gendres (Etienne). Le verre d'eau (Scribe). Les Enfants d'Edouard (Casimir Delavigne).

Tome IX. Les Perses d'Eschyle. Philoctète de Sophocle. L'Apolonide d'Euripide. L'Heureux naufrage de Plaute, Théâtre du Moyen-âge, L'Avocat Pathelin, La Marianne. L'Illusion comique. Le Misanthrope. Tartufe. Philaster (Théâtre anglais). San Gil de Portugal (Théâtre Espagnol).

Tome X. Œdipe à Colone de Sophocle. Le Théâtre de Rotrou. Beaumarchais, l'homme et l'œuvre. Le Cid. Horace et le Génie Cornélien. Le Menteur. Cinna. Polyeucte. L'Ecole des femmes. Tartufe et la question religieuse dans Tartufe. Phèdre, Molière de Goldoni.

Tome XI. Polyeucte de Corneille. Bajazet, Iphigénie de Racine. L'Avare de Molière. Le légataire universel de Regnard. Zaïre de Voltaire. La Fille du Cid, de C. Delavigne. — *Théâtre étranger.* Calderon. La double méprise. Tirso de Molino, Don Juan de Manara. Gœthe. Clavijo. Oehlenschlager, Les Faux-Dieux.

ŒUVRES POÉTIQUES de LORD BYRON

1 volume broché.

ŒUVRES de SHAKESPEARE

1 volume broché.

Chaque volume texte anglais, très compact (*Collection des classiques Chandos.*) Net . . 1 fr. 75

Cartonnage toile anglaise. Chaque volume. Net . . . . 2 fr. 25

LIVRES DE PIÉTÉ VENDUS AVEC UN RABAIS CONSIDÉRABLE

Tous ces volumes sont en parfait état. Format de poche.

Paroissien romain très complet. Relié ivoire, tr. dorées. Au lieu de 20 et 25 fr. Net **4** fr.
— — — — 4 vol. Belle reliure. Au lieu de 25 et 30 fr. Net **8** fr.
— — — 1 vol. Rélié toile . . . . Net **1** fr.

Paroissien romain, très complet.
Recueil de prières.
Imitation de la Vierge.
Imitation de Jésus-Christ.
Vie dévote.
Journée du Chrétien.

Chaque volume,
Reliure très élégante.
Au lieu de 8, 10, 12 et 15 fr.
NET 2 fr. 50

Occasions et Soldes

BLONDEAUX (Constant). Le christianisme, sa valeur morale et sociale. 1 vol. in-8. Au lieu de 7 fr. 50, net 1 fr. 75

Jérusalem. Origines hébraïques. Le Christianisme. Développement littéraire et intellectuel. Jésus. L'Église. Contradictions morales et politiques. Incompatibilités morales et sociales. L'idéal religieux insuffisant pour la pratique.

BOENS (Dr). L'art de vivre. Traité complet d'hygiène et de médecine à l'usage des gens du monde (1894). 1 vol. in-8 de 500 pages. Au lieu de 4 fr., net 1 fr 75

En écrivant ce livre à l'usage du monde, l'auteur a voulu mettre à la portée de tous un guide sûr, afin de pouvoir, sans hésitation et sans incertitude, sauvegarder leur santé.

BORELLI (Octave). Choses politiques d'Égypte 1883-1895. 1 fort vol. in-8. 7 fr. 50, net 1 fr. 75

Ce livre reproduit des articles extraits de la collection d'un journal politique et quotidien, qui pendant plus de dix ans a souteu les droits et les intérêts de la France en Egypte.

BRIERRE DE BOISMONT. Du suicide et de la folie du suicide. 1 vol. in-8. Au lieu de 7 fr., net 2 fr. 25

Des causes du suicide. Analyse des derniers sentiments exprimés par les suicidés dans leurs écrits. Symptomatologie du suicide des aliénés. De la nature du suicide dans ses rapports avec la civilisation. Distribution des suicides par régions, modes, époques. Traitement du suicide. Médecine légale. 1 vol. in-8.

BRUNET. Traité d'escrime, pointe et contre-pointe. 1 vol. in-12, cartonne. Au lieu de 7 fr., net 3 fr. 50

De l'escrime à l'Épée ou à la pointe. De l'escrime au sabre ou à la contre-pointe.

Ouvrage illustré de 5 dessins de Eug. Chaperon et de 27 planches inédites, représentant les différentes positions que les tireurs doivent avoir pendant l'assaut.

COMETTANT (Oscar). Histoire d'un inventeur Adolphe Sax, ses ouvrages et ses luttes. 1 vol. in-8. Au lieu de 6 fr., net 1 fr. 75

A. Sax, par les services qu'il a rendus à l'art musical, par les luttes qu'il a eu à soutenir pour mettre à jour ses découvertes, et par les récompenses dont il a été l'objet de la part des nations industrielles s'élève à la hauteur d'un événement social.

CONTES de Gil Blas. 3 fascicules in-8 d'environ 50 pages chacun. Chaque fascicule, au lieu de 2 fr., net 0 fr. 50

1er fascicule contient : P. Arène. Les Coups de fusil. — Th. de Banville. La Dame anglaise. — L. Cladel. Col non. — P. Ginisty. La demoiselle en deuil. Illustrations de Comba. Gorguet. Myrbach.

Le deuxième contient : Gloscaude. La jolie parfumeuse. — P. Hervieu. Le taureau du Jouvet. — R. Maizeroy. Thérèse Vigneaux. — G. de Maupassant. Un échec. Illustrations de Caran d'Ache. Myrbach. Gambard. Anquetin.

Le troisième contient : Catulle Mendès. Le Prix de la gloire. — J. Moutet. La balle de Pierrot. — A. Silvestre. Le melon pastoral. Illustrations de Courboin et Comba.

COQUEREL (Athanase). Libres études. Religion. Critique. Histoire. Beaux-Arts et voyages. 1 vol. in-8. Au lieu de 5 fr., net 1 fr. 75

Histoire d'une rue de Paris (Rue Visconti). Vie et mort du martyr Wolfgang Schuch. Précis de l'histoire de la Judée. Augustin Du Fosse. Les moralistes français et Prévost Paradol. Béranger. L'Œuvre de P. Delaroche. Courses de taureaux à Madrid. La fête-Dieu à Valence et à Munich. L'Angleterre et le caractère anglais.

CORRESPONDANCE inédite entre Lamennais et le baron de Vitrolles, publiée avec une introduction et des notes par Eug. Forgues. 1819-1853. 1 vol. in-8. Papier de Hollande. au lieu de 15 fr., net 4 fr.

DU CLEUZIOU. L'art national, étude sur l'histoire de l'art en France. Tome I. 1 vol. gr. in-8, dem.-rel., net 10 fr.

Les origines. — La Gaule. — Les Romains. — L'homme des cavernes. — L'homme des dolmens. — La Gaule indépendante. — La conquête. — Les Gallo-Romains. Ce volume contient 10 chromolithographies, 10 planches tirées à part et 430 gravures dans le texte.

— L'art national. Tome II. 1 vol. gr. in-8 br., net 10 fr.

Les Francs. Les Byzantins. L'art ogival. Les Mérovingiens. Les Carlovingiens. Les Clunisiens. La Renaissance du XIIIe siècle. Illustré de 10 chromolithographies, 10 planches tirées à part et 494 gravures dans le texte.

D'HEYLLI. Journal du siège de Paris, du 6 juillet 1870 au 1er février 1871. 3 forts vol. in-8. Au lieu de 30 fr., net 9 fr.

Cet ouvrage contient les Décrets, Proclamations, Circulaires, Rapports, Notes, Renseignements, Documents divers officiels et autres, ainsi qu'un avant-propos donnant un résumé rapide des actes et documents officiels antérieurs à la proclamation de la République, à partir du 5 juillet, jour du dépôt sur le bureau du Corps législatif de l'interpellation de M. Cochery, ayant donné lieu à la déclaration du Ministre des Affaires étrangères.

DU SEIN (A.). Histoire de la marine de tous les peuples depuis les temps les plus reculés jusqu'à nos jours. 2 forts volumes grand in-8, 1439 pages, nombreuses gravures et cartes. Au lieu de 16 fr., net 7 fr.

EGGER (E.). Mémoires d'histoire ancienne et de philologie. 1 vol. in-8. 8 fr., net 2 fr. 75

De la vie et des travaux de Letronne. Polémon, le voyageur archéologue. Des honneurs publics chez les Athéniens. Sur le prix du papier au temps de Périclès. De quelques textes grecs trouvés sur des papyrus. De l'étude de la langue latine chez les Grecs dans l'antiquité. Sur l'histoire de l'esclavage dans l'antiquité.

ELHEM (Jean-Paul). Chansons de Paris. 1 vol. in-4, ill. par Belville. Au lieu de 5 fr., net 1 f. 75

Ce volume contient 10 chansons avec la musique de G. Fragerolle.

Tout-Paris. — La ballade de l'ours. — Une première. — Les Champs Elysées. — A la caserne. — La Butte Montmartre. — Jeune fille. — Vieille fille — Les grands boulevards. — La lettre et l'esprit.

FOISSAC (Dr). La chance ou la destinée. 1 vol. in-8. 7 fr. 50, net 1 fr. 75

Le sort des empires, la marche de l'humanité et la vie même de quelques hommes célèbres offrent à l'esprit de l'observateur des enseignements féconds, mais parfois des mystères étranges, plusieurs chapitres de ce volume nous dévoileront certains points d'histoire inconnus jusqu'ici.

Du calcul des probabilités dans les décisions de la Justice. — Révélation sur la naissance de G. Hauser. — De la fortune des livres. — Des dons de l'esprit et du choix d'un état. — La vérité sur la mort et l'enlèvement du duc d'Enghien. — De la chance heureuse. — Des pressentiments.

FOURNIER (Dr A.). De l'ataxie locomotrice d'origine syphilitique. Tares spécifiques. 1 vol. in-8. 7 fr., net 4 fr. 75

Leçons cliniques professées à l'hôpital St-Louis. — Prédispositions héréditaires. — Absence de symptômes propres. — Douleurs fulgurantes. — Tenesme vésical.

OCCASIONS ET SOLDES (*suite*)

— Urethralgie. — Dyschromatopsie. — Transition à la seconde période. — Phénomènes douloureux. — Etat général. — Forme hemiataxique. — Syphilose cérébro-spinale postérieure. — Traitement, etc.

FOURNIER (Dr A.). Leçons sur la période præataxique du tabes d'origine syphilitique. 1 vol. in-8. 7 fr., net 4 fr. 75

Leçons recueillies par W. Dubreuilh. — Symptômes vésicaux. — Troubles des fonctions génitales. — Symptômes cérébraux. — Troubles. — Des réflexes dans la période præataxique du tabes.

FOURNIER (Dr A.). L'hérédité syphilitique. 1 vol. in-8. 7 fr., net 4 fr. 75

Leçons cliniques recueillies et rédigées par le Dr Portalier. — Hérédité mixte. — Hérédité maternelle et paternelle — Influence exercée par le temps — Syphilis bénignes. — Syphilis graves. — Exceptions à l'influence du temps. — Pronostic. - Prophylaxie et traitement, etc.

FOURNIER (Dr A.). Syphilis et mariage. 1 vol. in-8. 7 fr., net 4 fr. 75

Dangers de la syphilis dans le mariage. — Syphilis par conception. — Hérédité paternelle. — Hérédité mixte. — Avortement — Dangers personnels du mari. — Conditions d'admissibilité au mariage. — Origine usuelle des contagions conjugales. — Femme contaminée. — Mari et femme syphilitiques. — Dangers concernant la nourrice.

GAY DE VERNON. Mémoire sur les opérations militaires des généraux Custine et Houchard, pendant les années 1792 et 1793. Avec deux cartes représentant le théâtre des opérations sur le Rhin et sur la frontière de Flandre, entre la Sambre et la Mer du Nord. 1 vol. in-8. Au lieu de 6 fr., net 3 fr.

GUIMET. Promenades Japonaises. Tokio-Nikko. 1 fort vol. gr. in-8. Au lieu de 30 fr., net 5 fr.

Ouvrage illustré de nombreux dessins dans le texte et hors texte, par Régamey, exécutés d'après nature.

Yeddo. — Le chemin de fer japonais. — A travers Tokio. — Les deux amants. — L'art au Japon. — Un duel. — Chez les bonzes. — Le retour, etc.

JAGNAUX. Traité de chimie générale. 4 vol. in-8. Au lieu de 48 fr., net 10 fr.

Chimie inorganique. — Métalloïdes et métaux. — Chimie organique — Sciences physiques, chimiques et naturelles.

JOURDANET (Dr). Influence de la pression de l'air sur la vie de l'homme. 2 splendides vol in-8 cartonnés, avec 8 cartes géographiques en couleurs, 3 chromolithographies et de nombreuses gravures. Au lieu de 30 fr., net 5 fr.

Climats d'altitude et climat des montagnes de l'Europe, de l'Abyssinie, de l'Espagne, du Mexique, etc.

JOURNAL et mémoires de Charles Collé sur les hommes de lettres, les ouvrages dramatiques et les événements les plus mémorables du règne de Louis XV. 1748-1772. 3 vol. in-8. Au lieu de 18 fr., net 11 fr.

Edition augmentée de fragments inédits. Avec une introduction et des notes par H. Bonhomme.

JOURNAL de Jean Héroard sur l'enfance et la jeunesse de Louis XIII. 1601-1628, publié par E. Soulié et Ed. de Barthélemy. 2 vol. in-8. Au lieu de 12 fr., net 8 fr.

LESBAZEILLES (Paul). Le fondement du savoir. 1 vol. in-8. 5 fr., net 1 fr. 75

L'unité de l'être Le spiritualisme. Le materialisme. Le monisme panthéiste. Les faits et les lois. Le monadisme idéaliste. Le réalisme phénoméniste, etc.

LES SOUPIRS, poésies nouvelles. 1 vol. in-18, net 0 fr. 50

Ouvrage tiré à petit nombre.

LUBBOCK (Sir John) Les origines de la civilisation, état primitif de l'homme et mœurs des sauvages modernes, traduit par Ed. Barbier. 1 vol. in-8, orné de nombreuses gravures. Au lieu de 15 fr., net 5 fr. 75

L'étude des races humaines offre, à plusieurs points de vue, un grand intérêt, les coutumes des peuples sauvages rappellent sous bien des rapports, celles de nos propres ancêtres, elles expliquent dans nos sociétés modernes, bien des coutumes qui n'ont évidemment aucun rapport avec notre état social actuel ; l'auteur étudie dans cet ouvrage tout ce qui se rattache aux premiers habitants du globe : Art et ornements, mariage et parenté, développement de la parenté, La religion, les mœurs, le langage, les lois, etc , etc.

MASSON (Frédéric) et **BIAGI**. Napoléon inconnu. Papiers inédits, 1786-1793, accompagnés de notes sur la jeunesse de Napoléon, 1769-1793, par F. Masson. 2 vol. in-8. 15 fr., net 6 fr.

Pour étudier Napoléon, rien de plus nécessaire que de connaître exactement et dans le plus grand détail ses années d'enfance et de jeunesse. Or, jusqu'ici, il est singulièrement difficile d'en acquérir une notion satisfaisante. On rencontre, pour s'en instruire, des romans sentimentaux ou des pamphlets à ce point haineux que les parties même de vérité qu'ils contiennent en deviennent suspectes et exigent d'être vérifiées.

Nous fournissons ici, pour l'étude de la jeunesse de Napoléon, une contribution qui est sans doute la plus importante, cet ouvrage contient la plupart des études qu'il a faites en France de 1786 à 1792.

MÉMOIRES DE SÉBASTIEN COMMISSAIRE, ancien représentant du peuple. 2 vol in-12. Au lieu de 6 fr., net 3 fr. 50

Mémoires sur une des périodes les plus plus intéressantes de l'histoire de France, contenant : journées de novembre 1831, avril 1834. Le parti républicain à Lyon sous le règne de Louis-Philippe et de Napoléon III — Les élections à Strasbourg, mai 1849. — Prison d'Etat de Doullens, Belle-Isle en mer et Corte Le 4 septembre à Paris. — Les châteaux de St-Cloud et Meudon. — La Commune à Paris, 1871. — Du socialisme, etc.

MICHIELS. Voyage d'un amateur en Angleterre. 1 vol. in-8. Au lieu de 7 fr. 50, net 1 fr. 75

Pas une des pages de ce volume ne traite de graves matières, c'est l'œuvre d'un archéologue, d'un poète et d'un amateur, elles ne quittent guère le monde charmant des rêves et des études historiques. Christophe Wren. Voyage à travers Londres L'abbaye de Westminster. Samuel Johnson Le cimetière de Chiswick et le parc de Richmond. Les châteaux et jardins anglais. Runney-Mead et le château de Windsor. La chapelle St. Georges Eton et les collèges anglais. L'architecture classique à Londres et les archives municipales.

MINGHETTI (Ancien ministre d'Italie). L'Etat et l'Eglise, traduit par Borguet, introduction par T. Laveleye. 1 vol. in-8. 5 fr., net 1 fr. 75

Il n'est point de problème à la fois plus délicat et plus important que celui des rapports de l'Etat et de l'Eglise. Supprimez le budget des cultes, et les prêtres, réduits à la besace de l'apôtre, deviendraient encore plus fanatiques qu'ils ne le sont.

NEMOURS GODRÉ. L'Ermite de Clamart. 1 vol. relié, percaline rouge, tranches dorées, gravures. Au lieu de 3 fr 50, net 1 fr. 50

Ouvrage pour la jeunesse pouvant être mis dans toutes les mains.

PLANTÉ (Gaston). Recherches sur l'électricité. 1 vol. in-8, orné de 89 figures dans le texte. Au lieu de 8 fr., net 2 fr. 50

Ouvrage réimprimé sur le texte de la première édition et comprenant les deux fascicules supplémentaires. Ouvrage divisé en six parties sur l'accumulation et la transformation de la force de la pile voltaïque. Application. Effets produits par des courants électriques de haute tension Analogies des effets précédemment décrits avec les phénomènes naturels. Conséquences qui peuvent en résulter, pour la théorie de ces phénomènes. Machine rhéostatique. Analogies entre les phénomènes électriques et les effets produits par des actions mécaniques.

OCCASIONS ET SOLDES (*suite*).

PRADELS (Octave). Chansons, monologues, fantaisies, chansons à dire. 1 vol. in-18. 3 fr. 50, net 1 fr. 75

Contenant les monologues suivants : Un drôle de cor. Y m'a r'fusé des asticots. Le crime de Puteaux. Barbasson. L'ouvreur de portières. Un épinard au jus. Florimond. Un écart franc. La poésie de Bridouilles, etc., etc.

RODRIGUES (Hippolyte). Les seconds chrétiens. St-Paul 37-66. 1 vol. in-8, avec trois cartes des voyages de St-Paul. Au lieu de 6 fr., net 2 f. 75

La vie de St-Paul contient l'histoire de la formation du second christianisme et de sa lutte contre le christianisme primitif.

SAHIB. La marine, croquis humoristiques. Marins et navires anciens et modernes. 1 vol. in-4 cartonné. Au lieu de 10 fr., net 2 fr. 75
Le même, broché, net 1 fr. 75

Ouvrage orné de 200 dessins dans le texte et de 8 aquarelles hors texte.

SOLOWIEFF. Histoire de la Russie traduite par la Princesse Souvoroff. 1 vol. in-8. Au lieu de 7 fr., net 1 fr. 25

L'œuvre historique du professeur Solowieff est classique en Russie. Les documents qui le constituent appartiennent au Trésor des archives impériales, où cet écrivain a eu la permission d'y travailler à son aise.

SOREL. Contribution à l'étude profane de la Bible. 1 vol. in-8. Au lieu de 7 fr. 50, net 3 fr. 75

Ce livre ne s'adresse pas à la petite église des protestants libéraux, pour laquelle s'écrivent presque tous les ouvrages de critique : l'auteur s'adresse au public lettré, non pour lui donner des leçons, mais pour exciter chez lui le désir d'aborder l'étude de la Bible.

SOUVENIRS du Comte de Montgaillard, agent de la diplomatie secrète pendant la Révolution, l'Empire et la Restauration, publiés d'après des documents inédits par Clément de Lacroix. 1 vol. in-8. Au lieu de 10 fr., net 1 fr. 75

Intéressant ouvrage contenant des renseignements intimes et absolument inédits. Montgaillard fut employé par Louis XVIII à préparer la trahison de Pichegru. Il revint en France après le 18 brumaire ; il fut enfermé au Temple pour y surprendre les secrets des prisonniers royalistes. Ce qu'il avait fait pour Napoléon, il le fit pour les Bourbons, au retour de Louis XVIII, il alla au devant de ce prince jusqu'à Compiègne et redevint l'agent de celui qu'il avait trahi. Aussi il obtint pour ses services de nombreuses gratifications et une pension annuelle.

TAXIL (Léo). Les livres secrets des confesseurs dévoilés aux pères de famille. 1 vol. in-12, net 1 fr. 75

UZANNE (Octave). Contes pour les bibliophiles. Le bibliothécaire van der Boëken, de Rotterdam. Un roman de chevalerie franco-japonais. Les romantiques inconnus. Le Carnet de notes de Napoléon Ier. Poudrières et bibliothèques. Histoire de momies, récits authentiques. 1 vol. in-8. 25 fr., net 16 fr.

Splendide volume orné de 300 illustrations en noir et en couleurs dans le texte et hors texte par Robida, couverture en couleurs par G. Auriol.

VATTIER (Victor). John Wyclyff, sa vie, ses œuvres, sa doctrine. 1 vol. in-8. 10 fr., net 2 fr. 75

Ce livre est avant tout une œuvre d'histoire et non l'œuvre d'un critique religieux.

XANROFF. Chansons à Madame, préface de C Hugues. 1 vol. gr. in-8. Au lieu de 6 fr., net 4 fr. 50

Ouvrage orné de nombreuxses illustrations, il contient 25 chansons avec la musique, texte autographié, parmi lesquelles on remarque : la voleuse. l'étoile, le mur, l'immortelle, tes cheveux, la charité, vos yeux, la marguerite, le rosier, la lune, le vin, la bière, le collier.

Collections et Journaux

(Port à la charge du destinataire).

Ces ouvrages étant vendus avec un rabais considérable, il nous est impossible vu leur poids, de les expédier Franco.

ANNALES POLITIQUES ET LITTÉRAIRES. Tome premier. Juillet 1883 à Décembre 1894, 23 vol. in-4 dem.-bas. Net 40 fr.

CHAT NOIR (Le), journal illustré par les meilleurs artistes. Steinlein, Ferain, Willette, etc. De l'origine 1882 à 1894, 12 années en nos. Net 60 fr.

L'année 1887 manque, ainsi que les nos 1, 2, 4, 7, 8, 13, 258, 259.

— Le même, années 1890-1891-1892 (manque 10 nos), 1893 (manque 5 nos). Ensemble 4 années. Net 15 fr.

COURRIER FRANCAIS Années 1889 à 1894, 1[2 rel. 1895 et 1896 en numéros. Ens. 8 années. 50 fr.

Manque nos 16 à 19.

FIGARO-SALON. Paris. première année. 1885 à 1894, 13 années en 51 numéros. Manque 1892. Net 45 fr.

GIL BLAS illustré hebdomadaire. Années 1893 à 1897, 5 vol. in-folio cart. Net 15 fr.

INTERMÉDIAIRE des chercheurs et curieux. Années 1892-1893-1894. Chaque année dem.-rel. Net 10 fr.

L'AMI des MONUMENTS. publié sous la direction de Ch. Normand. Nos 11 à 28 (Mars 1889 à Décembre 1891. Net 16 fr.

Revue illustrée, organe du comité des Monuments Français avec gravures hors texte et dans le texte.

L'ART. Revue illustrée. Année 1883, 2 vol. in-folio dem.-rel. Les eaux-fortes ont été reliées en 1 vol. Les deux vol. Net 12 fr.

LA PLUME, littéraire, artistique et sociale. Année 1894, dem.-rel. Net 7 fr.

Nombreuses illustrations.

L'ECHO de la SEMAINE. Octobre 1888 à septembre 1892, 6 vol. in-4 dem.-bas. Net 6 fr.

LA GRANDE REVUE. Paris et St-Pétersbourg. 1889 à 1892. 4 années en 16 vol. in-4, dem.-bas. verte. Net 16 fr.

Le JAPON ARTISTIQUE publié sous la direction de M. Bing. 36 nos in-4. Net 60 fr.

Tout ce qui a paru de cette très intéressante collection (3 années) contenant quantité de planches.

Exemplaire avec toutes les couvertures. Rare en cet état.

Il manque 20 planches, sur environ 350 qu'en comporte la collection. Beaucoup de planches ont la légende manuscrite.

LE LIVRE, revue du monde littéraire. Archives des écrits de ce temps. Bibliographie moderne. Années 1884-1885-1886. 6 vol dem.-rel. Net 25 fr.

LE LIVRE et L'IMAGE, revue documentaire illustrée. 16 num. du 1er au 16e Net 7 fr.

LE SOLEIL du DIMANCHE. Années 1891 et 1892. Ensemble 2 vol. in-folio, dem.-rel. Net 10 fr.

Contient plus de 1500 pages de lecture et gravures, pouvant êtres lues de tout le monde.

LOGOGRAPHE (Le). Journal national, rédigé par Le Hodey d'après le procédé des membres de la société logographique du no 61 au no 316, du 1er décembre 1791 au 17 août 1794, en 2 cartons in-fol. Net 25 fr.

Très rare et intéressant journal donnant in-extenso le compte rendu des débats parlementaires. Il manque, à cette collection les 60 premiers numéros et les suivants : 67, 80, 91, 95, 96, 101, 118, 140 à 142, 175, 189, 191, 209, 229, 230, 231, 236, 240, 243, 244.

MERCURE de FRANCE. Année 1898, en numér. Net 6 fr.

MIRABEAU. Le Courrier de Provence. Paris, de l'Imprimerie du patriote français. 1789, numér. 1 à 350. complet en 17 vol. in-8, veau. Bel exemplaire. Net 50 fr.

MONDE ILLUSTRÉ (Le). Année 1893 en 1 vol. in-folio dem.-rel. Net 6 fr.

NOUVELLE REVUE. Années 1884-1885-1886, 1893-1894. Chaque année en 6 vol. dem.-bas. 6 fr.

PARIS CYTHÈRE, journal hebdomadaire littéraire et artistique. Du no 1, 29 mai 1898 au no 49, 28 mai 1899, en 1 vol. in-4 cart. Net 5 fr.

Journal satyrique, organe des jeunes, le texte est entièrement autographié, orné de quantité de gravures.

PARIS ILLUSTRÉ. Du numéro 1 à 37, en livraisons. Net 15 fr.

Le même, numér. 1 à 44, en livraisons. Net 18 fr.

REVUE biblio-iconographique, et Répertoire des ventes. Avec les prix d'adjudication des principales ventes. Directeurs P. Dauze et d'Eylac. Années complètes, 1897 et 1898. 18 numér. Net 10 fr.

REVUE des COURS SCIENTIFIQUES, (Revue Rose). Paris. première année 1864 à 1875. 16 vol. in-4. dem.-bas. verte. — 1884 à 1888, 10 vol. in-4, dem. bas. rouge et rouge antique. — 1890 à 1892, 3 vol. in-8 dem.-bas. rouge. Ensemble 32 vol. in-4. Net 35 fr.

REVUE d'ART DRAMATIQUE. Années 1891 à 1894. 16 vol. dem.-rel. 1895 en livraisons. Ensemble 5 années. Net 25 fr.

REVUE des DEUX-MONDES. Mai 1883 à Décembre 1897. Table de 1831 à 1893. Ensemble 70 volumes dem.-basane et 3 années en livraisons. Net 100 fr.

Occasion exceptionnelle, reliure uniforme.

— La même, année 1889, 6 vol. d.-rel. Net 8 fr.

— La même, année 1897 en numér. Net 12 fr.

REVUE ENCYCLOPÉDIQUE. 1896 à 1898, 3 années en livraisons. Net 35 fr.

— La même année 1898 en num. Net 15 fr.

REVUE HEBDOMADAIRE du 5 août 1893, au 30 Juin 1894, 48 numéros. (Tome XV à XXV). Net 9 fr.

— Le même, année 1896 en numéros. Net 10 fr.

REVUE ILLUSTRÉE. Décembre 1890 à 1892. 4 vol. — Année 1894, 23 numér. Ensemble 3 années. Net 25 fr.

— La même, année 1898, 2 vol. in-4 rel. 1899 les 10 premiers num. Ensemble, net 15 fr.

COLLECTIONS et JOURNAUX (*Suite*).

REVUE DE PARIS. Année 1897 en numér. Net 12 fr.

— 1898 en numér. Net 18 fr.

— La même, juillet 1895 à septembre 1899, en n°s. Net. 50 fr.

REVUE POLITIQUE et LITTÉRAIRE. (Revue bleue). Janvier 1882 à Décembre 1887, 6 années en 12 vol. — 1890 à 1895, 5 années en 10 vol. Ensemble 22 vol. in-4, dem.-bas. verte, tr. jaspées Net 25 fr.

REVUE des REVUES, et Revue d'Europe et d'Amérique, du premier trimestre 1894 à fin 1898, 5 années en livraisons, dont une en 4 vol. dem.-rel. Net 20 fr.

— La même, octobre 1897 à juin 1899. 7 vol. gr. in-8 dem.-rel. Net 9 fr.

— La même, année 1898 en numér. Net 5 fr.

RÉVOLUTIONS de FRANCE et de BRABANT, par Camille Desmoulins. 101 numéros en 8 vol. in-8, veau. Bel exemplaire. Net 100 fr.

Il manque 7 figures à cet exemplaire.

Chaque n° d'au moins trois feuilles, est accompagné d'une estampe, qui le plus souvent fait caricature, et dans le nombre il y en a de fort spirituelles.

Les événements ayant forcé Desmoulins d'abandonner son entreprise, à la fin de juillet 1791, sa place fut prise par Dusa Leroy, qui continua sous le nom du fondateur, à partir du n° 87 jusqu'au n° 104, il publia ainsi 18 numér. que l'on joint souvent à tort à la feuille de Desmoulins, et qui en forment dans presque toutes les collections le tome 8, c'est le cas de notre exemplaire. Il manque les numér. 102 à 104.

RÉVOLUTIONS de PARIS, dédiées à la nation par Prudhomme, du 12 juillet 1789 au 5 janvier 1793. 182 numéros en 14 vol. in-8, cart. Nombreuses caricatures. Net 30 fr.

RÉVOLUTIONS de PARIS, dédiées à la nation, publiées par L. Prudhomme, du 12 juillet 1789, 28 février 1794 (10 ventôse an II) 17 vol. in-8. Net 40 fr.

Collection bien complète. Les révolutions de Paris, ont été renommées par l'excessive liberté de l'auteur, il annonce toujours des complots, des batailles, des malheurs, du sang prêt à couler. Le jour de la prise de la Bastille l'auteur emporta une liasse de papiers qu'il fait successivement paraître dans ses numéros, ce qui leur donne un certain degré d'intérêt. Nombreuses caricatures.

TOUR DU MONDE. Origine 1860 à 1896. 31 vol. in-4, dem.-rel. chag. Mouillures. 175 fr.

VIE PARISIENNE. Années 1883 à 1886, dem.-rel. 1895, 1896, 1898 en numér. Ens. 13 années. 60 fr.

VIE POPULAIRE Tome I. 1884 à Décembre 1891, 32 vol. in-4 dem.-bas. Net 32 fr.

Nouvelles Acquisitions.

ESTAMPES JAPONAISES

Nous venons de recevoir du Japon un choix de très belles Estampes anciennes, Scènes de théâtre, Scènes de jalousie, Portraits d'acteurs et d'actrices, Guerriers, Paysages, etc.

Chaque planche, montée sur bristol, format 55×40. Au lieu de 2, 3 et 4 fr. Net. . . . . 0 fr. 50

LIVRES DIVERS

Chaque volume, net . . . . . **0 fr. 25**

(Au lieu de 0 fr. 50, 1 fr. et 2 fr.)

BERTRAND. La clef de toutes les tenues de livres seul moyen d'étude sans maître. 1 vol., in-8.

Traité complet de comptabilité commerciale, partie double et partie simple.

CANET Le cri de guerre contre l'insecte. 1 vol., in-12.

Ce livre n'est ni un appel aux armes, ni un prélude de carnage, celui qui en a conçu le plan et poursuivi l'exécution avec une ardeur d'apôtre en a fait une œuvre de salut et de préservation sociale.

CLAVEL (Dr.). Critique et conséquence des principes de 1789. 1 vol. in-12.

Contient: Déclaration des droits de l'homme et du citoyen. Du contrat social. Organismes collectifs. De la loi politique. De la propriété de la production, etc.

COPIN (Alfred). Les maisons historiques de Paris. 1 vol. in-18.

L'auteur a cherché a attirer l'attention du public sur les travaux du comité des Inscriptions parisiennes.

DOLLFUS (Charles). Lettres philosophiques. 1 vol. in-12.

Contenant : Lettres sur : La méthode, la matière et l'esprit. l'intelligence, l'inauguration, le cœur, la conscience, la religion primitive, le christianime, le catholicisme, etc.

DUPOUY (Dr E.). Maladies chroniques. 1 vol. in-18.

Goutte, rhumatisme, chlorose, rachitisme, phtisie, pulmonaire, albuminurie, diabète, cancer, dartres, etc.

GINISTY (Paul). Manuel du parfait réserviste. 1 vol., in-12.

Illustrations de Courboin et Jeanniot. Volume écrit avec un style des plus amusants. La Poésie au régiment. Grandes manœuvres La comédie au régiment. Le départ.

LE ROUX (Hugues). Notre patron Alphonse Daudet. 1 vol. in-18.

L'auteur relate dans ce petit opuscule ses premières relations avec Alphonse Daudet.

MILSAND. Les études classiques et l'enseignement public. 1 vol. in-12.

Le rôle que les lettres ont joué jusqu'ici. La culture progressive que réclame notre époque L'influence de notre langue par le développement des esprits. Transformation de l'enseignement classique dans les classes supérieures.

MOINAUX (Jules). Le Testament de M. de Crac, opéra-bouffe en 1 acte. 1 broch.

MOUILLEFERT. Le phylloxera. Moyens proposés pour le combattre, état actuel de la question. 1 vol. in-8, avec planches coloriées et figures dans le texte.

TAPHANEL (Jean) et C. Legrand. Histoire anecdotique des théâtres de Paris, écrite au jour le jour, du 1er Janvier au 31 mars 1896, préface de J. Barbier. 1 vol. in-12, illustré.

VALABRÈGUE (Antony). Les princesses artistes, 1 vol. in-18.

La maison. Les princeses de la famille impériale. Les princesses étrangères.

LES GRANDES AMOUREUSES

Chaque volume format in-18, broché. -- Au lieu de 2 fr. Net 0 fr. 35

LA FORNARINE

(Maîtresse de Raphaël)

Par CH. JOLIET.

Illustrations et eau-forte de Bertrand.
1 vol.

Madame de MONACO

Par Alfred ASSELINE

Illustrations de Vierge, Kauffmann, etc.

1 vol.

Françoise de RIMINI

Par ST-JUIRS

Illustré par Vierge, Kauffman, etc. 1 vol.

Béatrice CENCI

Par Ch. DIGUET

Illustré par Morel, Vierge, etc. 1 vol.

La Marquise de BRINVILLIERS

Par MONTJOYEUX

Illustré par Bertrand. 1 vol.

ISEULT

Par Judith GAUTIER

Illustré par Vierge, Bertrand, etc. 1 vol.

GRANDE IMPRIMERIE DU CENTRE. — HERBIN, MONTLUÇON.

www.ingramcontent.com/pod-product-compliance
Lightning Source LLC
LaVergne TN
LVHW010010230826
846092LV00002B/750

* 9 7 8 2 3 2 9 6 4 3 6 4 9 *